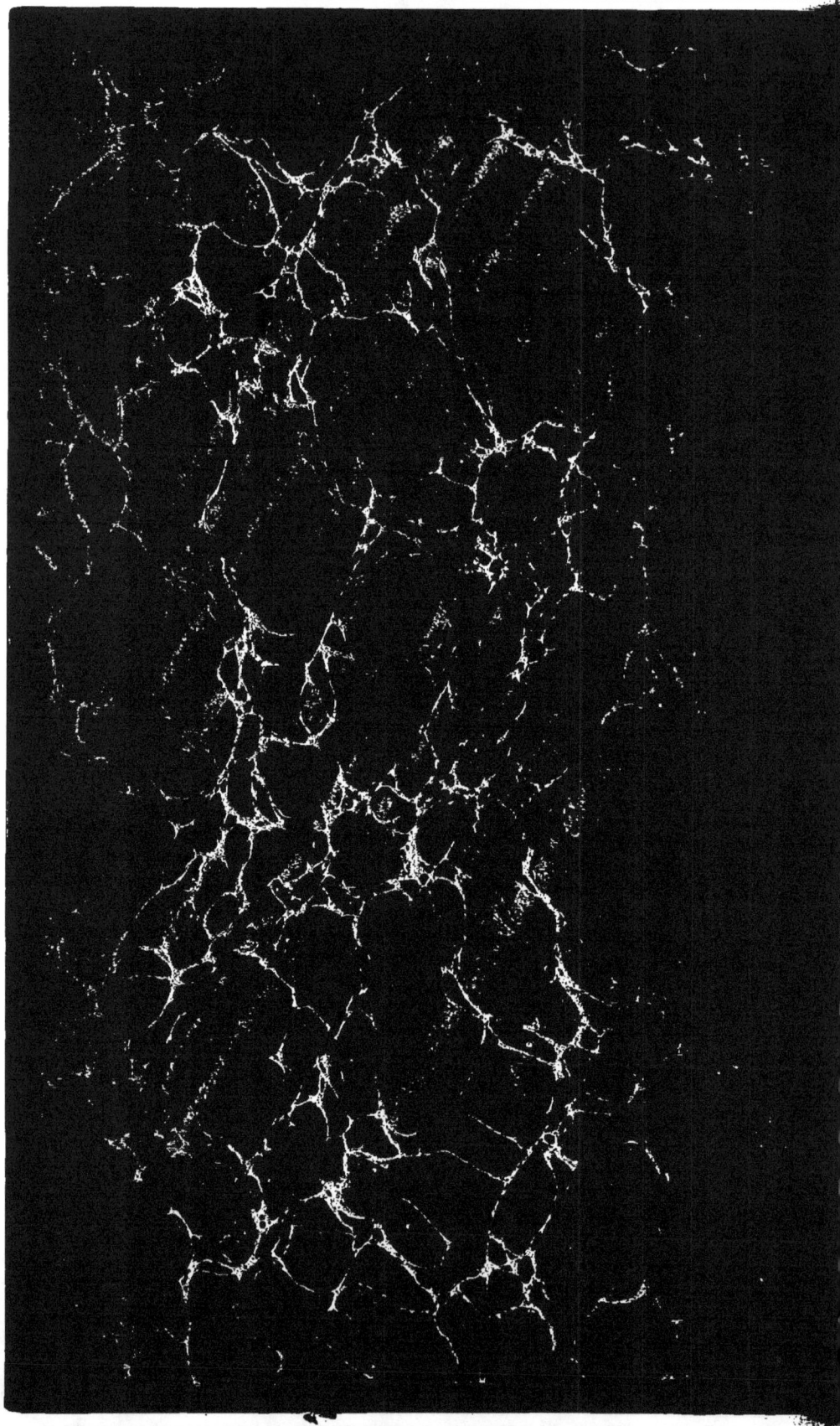

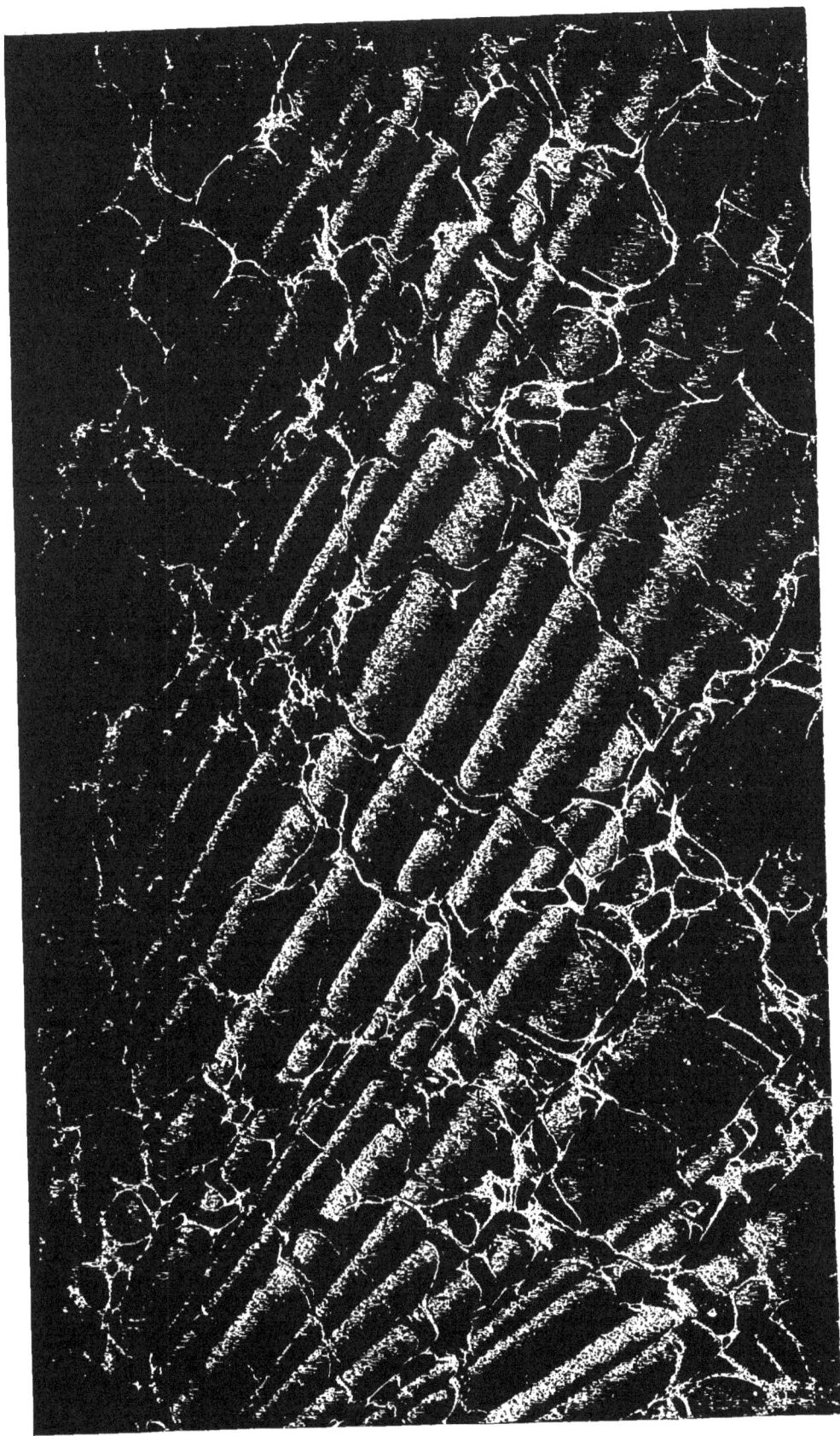

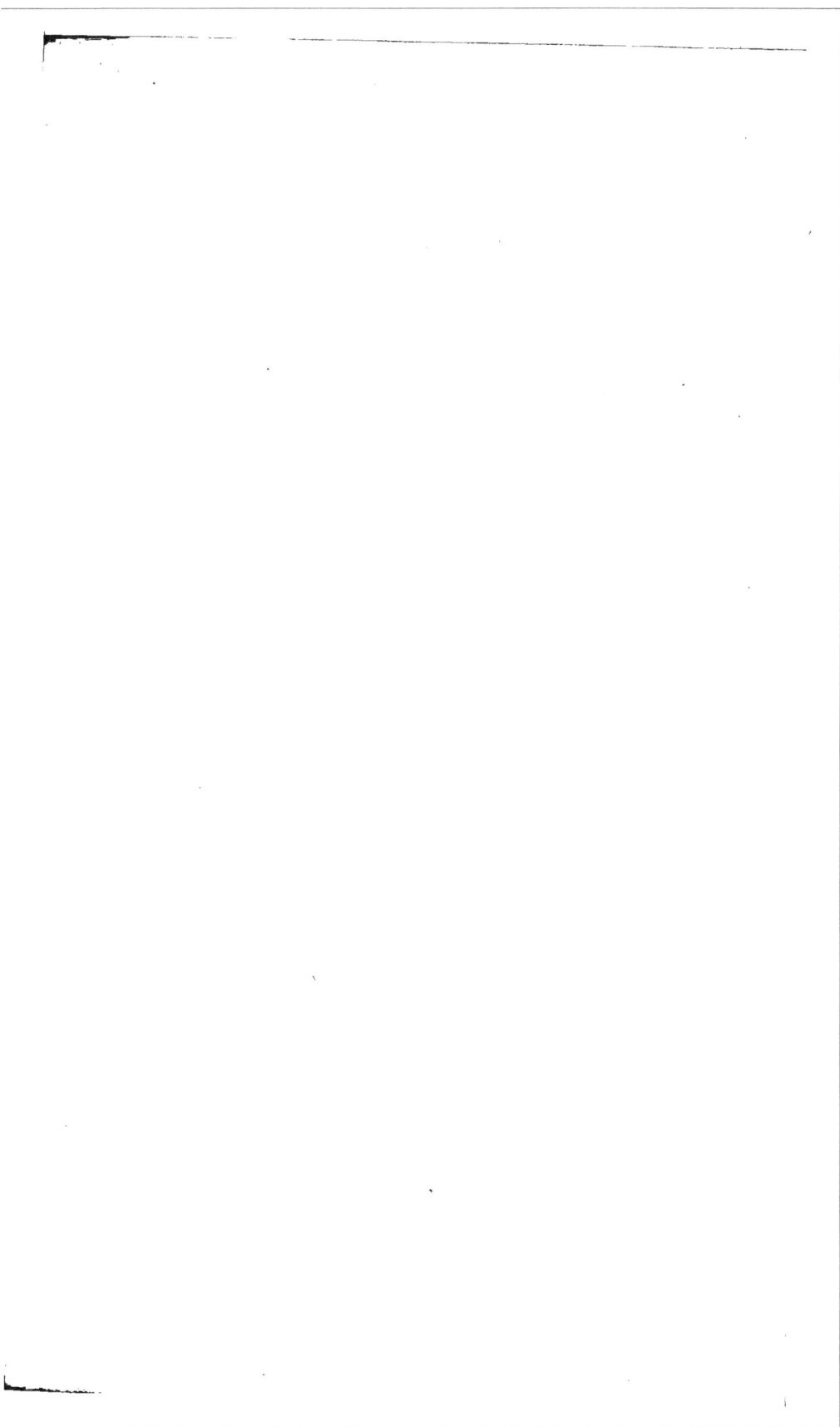

45981

DE L'INFLUENCE

DU CRIMINEL SUR LE CIVIL.

DE L'INFLUENCE
DU CRIMINEL
SUR LE CIVIL,

Soit quant à l'autorité de la chose jugée, soit quant à la prescription;

Par J. Victor VERSIGNY,

DOCTEUR EN DROIT.

DIJON,

IMPRIMERIE DE SIMONNOT-CARION.

—

1842.
1843

Cette dissertation a obtenu le premier prix dans le concours ouvert entre les Docteurs et Aspirans au Doctorat de la Faculté de Droit de Dijon pour l'année 1841, conformément à l'ordonnance royale du 17 mars 1840.

DE L'INFLUENCE

DU CRIMINEL SUR LE CIVIL.

DE L'INFLUENCE DU CRIMINEL SUR LE CIVIL, QUANT A L'AUTORITÉ DE LA CHOSE JUGÉE.

Cette première branche de la question, dont on ne trouve presque aucune trace dans l'ancienne législation, a fait l'objet de discussions déjà approfondies entre deux jurisconsultes éminens, qui prirent chacun un système absolu et une route différente.

Je ne rapporterai point ici les divers systèmes qu'ils adoptèrent successivement, avant d'arriver à une opinion bien tranchée, bien décidée. M. Dalloz, dans son Recueil de jurisprudence, a rempli cette tâche avec conscience et bonheur. Sans m'appesantir non plus sur l'exposition de ces deux systèmes qui partagent les auteurs et la jurisprudence, je me contenterai d'en parler assez sommairement, afin d'arriver, par une voie plus sûre, à démontrer la fausseté de l'un d'eux et la vérité de l'autre, en l'asseyant toutefois sur d'autres bases, ou du moins en corrigeant, avec trop de hardiesse peut-être, les principes qui me semblent avoir été méconnus, et les théories accessoires qui doivent influer puissamment sur la solution de la question.

Ne nous reste-t-il d'abord qu'à choisir entre les systèmes établis, ou bien est-ce le cas d'en créer un nouveau? Doit-on adopter, en pareille matière, un système mitigé, conciliateur, ou bien un système absolu, décidant gravement la question avec toutes ses conséquences, quelque rigoureuses qu'elles paraissent ?

Tels sont les premiers doutes enfantés par la lecture consciencieuse des auteurs, et surtout par celle des arrêts, dont je promets de faire un usage presque nul dans le cours de cette discussion.

Évidemment, s'il y avait une loi à faire, s'il s'agissait de créer une législation nouvelle, rien de plus raisonnable qu'une théorie tempérée par des distinctions justes et caractérisées, et qui s'arrêterait devant les conséquences fâcheuses ou bizarres auxquelles conduit inévitablement l'adoption de l'une ou l'autre opinion.

Aussi, voulant mettre d'accord le respect dû à la chose jugée avec les intérêts particuliers, ai-je long-temps cherché à donner une base légale aux théories conciliatrices que je trouvais moi-même, ou que je découvrais dans les auteurs, théories successivement modifiées pour arriver à l'absolu.

I.

Quant au choix du système, il n'a jamais été douteux pour moi ; je crois fermement qu'en l'absence de tout autre texte de loi, on doit, sous l'empire de notre Code civil combiné avec celui d'Instruction criminelle, décider que :

« La chose jugée au criminel n'a, en général, aucune autorité sur le jugement civil à intervenir, à propos du même fait. »

Dans l'examen de cette question, il ne faut certainement pas aller distinguer entre les tribunaux correctionnels et les cours d'assises : le même principe gouverne ces deux juridictions, bien que les formes en soient différentes ; aussi ne parlerons-nous généralement que des cours d'assises à l'égard desquelles, selon moi, la question semble avoir été résolue par la loi qui les institue.

Cela posé, examinons succinctement les argumens posés et réfutés de part et d'autre, en faveur de chacune des deux grandes opinions qui se partagent sur la question.

Les partisans du système que nous avons à combattre, effrayés de ce double jugement sur un même fait, pouvant amener chacun une décision opposée, veulent que, dans tous les cas, ce qui est jugé au criminel le soit de même pour les juges civils. Ils redoutent *cette épouvantable théorie* qui fait remettre en question au civil ce qui a été jugé au criminel. Armés de moyens de droit qu'ils croient péremptoires, ils argumentent de raisons de haute morale et d'ordre public dont nous apprécierons la valeur.

Aucun principe de droit n'est violé, disent-ils :

1° Il y a même objet : le fait à constater, et duquel doivent naître la condamnation et l'obligation civile.

2° Identité de parties. Le ministère public représente tout le monde, agit aux risques et périls de tous les intéressés.

Arrêtons-nous ici, afin d'étudier et d'apprécier séparément chaque partie de la discussion.

A ces premiers moyens, que réfuterait un homme du

monde étranger au droit, on ne saurait s'occuper de répondre sérieusement. Ainsi que le remarque l'auteur du système que j'adopte, comment est-il possible de confondre ainsi la cause avec l'objet? Sans doute les deux demandes ont pour cause le même fait ; mais ont-elles le même objet? Ici une condamnation infâmante, une peine corporelle, la vindicte publique : là, au contraire, une condamnation pécuniaire, la réparation civile d'un dommage causé, d'un préjudice particulier ! Peut-on ainsi scinder l'arrêt de la cour d'assises et dire : « Les jurés décident le point de fait, c'est ce que devra décider le tribunal civil ; l'objet est donc le même. » Ce raisonnement ainsi posé paraît absurde : tel pourtant le laisse à entendre M. Mangin dans son analyse de l'opinion de M. Merlin, tel le proclame M. Boncennes.

L'objet d'un procès est déterminé par la condamnation que l'on réclame, et non point par le moyen employé pour arriver à cette condamnation. L'objet de ma demande est ce que je demande, et non pas ce pour quoi je demande. Entendons-nous sur la valeur des mots, et tout s'éclaircira.

Examinons, en effet, la loi romaine qui a fourni le texte de l'article 1351 du Code civil, et qui, dans son langage énergique, explique mieux la pensée de nos législateurs que l'article 1351 lui-même. (Lois 12 et suiv. : *ff.*, *de except. rei judicat.*) «.... *Inspiciendum est an idem corpus, quantitas eadem, idem jus, eadem causa petendi, eadem conditio personarum*, etc. » — Dira-t-on qu'il y a *idem corpus, idem jus*, etc...? N'insistons pas, du reste, car on nous fait presque l'abandon de ce mode d'argumentation, pour s'appuyer sur un autre que nous exposerons ci-après.

Le second point est-il plus juste? Du moins il a, selon nous, la qualité d'être beaucoup plus spécieux.

Mais où a-t-on puisé cette proposition exorbitante, que le ministère public représente tous *les intérêts?* Sur quoi base-t-on une maxime qui, si elle était vraie, aurait dû être consignée formellement dans notre pacte social! Comme citoyen, je l'avoue, je suis représenté par le ministère public, il est mon mandataire *ad negotia publica;* mais je n'ai jamais entendu lui confier le soin de mes intérêts privés. Dans quel article de loi civile, constitutionnelle, ou criminelle même, lui ai-je délégué ce pouvoir inoui!!! Que le ministère public représente toute la société dans la poursuite des crimes, il faut l'accorder; cela résulte de la nature même de son institution, du caractère imprimé par notre législation à cette classe de magistrats. De cette nature et de ce caractère découle en effet cette conséquence, déjà tout exceptionnelle du droit commun, conséquence, du reste, écrite formellement dans l'art. 360 du Code d'instruction criminelle, que la chose, une fois jugée au criminel, est jugée envers et contre tous; mais *seulement au criminel,* et comme constituant un crime. Aucun particulier, et, bien plus, aucun magistrat ne pourra rechercher le même individu à propos du même crime, quelque étranger que l'un ou l'autre ait été au procès criminel.

Y a-t-il condamnation? alors l'influence du jugement criminel se fait sentir sur une foule de points. Il en résulte une incapacité civile, ou civique seulement; de là de nombreuses conséquences quant aux intérêts civils. Il y a crime pour la société en général dont les droits, ainsi que nous le remarquerons, ne doivent pas être confondus avec les droits des particuliers, *ut singuli.*

L'accusé est-il acquitté, il n'y a plus de criminel pour personne, plus de possibilité de constater le crime, de manière à amener l'application d'une peine ; il n'y a plus de fait criminel. Voilà pour la société, voilà pour la vindicte publique : telle est la seule déduction logique et équitable à tirer de l'institution et du caractère du ministère public.

Mais, quoi ! Non content de cette conséquence immense, insolite, on étendra le pouvoir de la chose jugée au criminel à des intérêts civils, à des contestations relatives à des obligations civiles ! De quel droit le ministère public se rend-il le mandataire bénévole de celui qui ne veut confier sa défense qu'à lui seul, qui n'a été ni appelé, ni mis en demeure de comparaître ! Loin de là, notre loi criminelle défend au ministère public de prendre aucunes conclusions en faveur des parties intéressées. Avouons que voilà un étrange représentant, et qu'il faut avoir beaucoup de bonne volonté pour supposer à la loi l'intention de créer un mandataire des intérêts privés, quand cette même loi lui défend de s'en occuper ! On ne contestera pas toutefois qu'il y ait là-dedans quelque chose d'anomal, et qui sorte tout-à-fait des idées assez vulgairement reçues ! Eh bien ! pour faire cette exception à la règle générale, ne faut-il pas s'appuyer sur un raisonnement quelconque ? On émet la proposition, *Probatio pendet!...* (1).

_____

(1) Comment la loi qui a tant fait pour la partie civile, qui lui a prodigué tous les moyens de défendre ses intérêts, mettrait-elle sur la même ligne celui qui n'a pas été présent au procès criminel ? — Ainsi, 1o la partie civile peut prouver son droit par tous les moyens légaux : les tribunaux ne peuvent refuser d'entendre les témoins produits par elle (1348, Cod. civ.; C. cass., 24 nov. 1808); — 2o elle peut plaider tous les moyens propres à soutenir sa demande et l'accusation (190—335 Inst. criminel); — 3o elle a le droit d'exiger que le tribunal statue sur tous les

Si nous consultons la loi civile, nous y remarquerons que le ministère public n'a plus la même extension dans sa qualité de représentant.

En effet, quand il s'agit d'une poursuite d'office en rectification des actes de l'état civil, qui sont pourtant des actes éminemment d'ordre public, intéressant les individus même comme citoyens, le ministère public, partie unique et principale, représente-t-il tous les intérêts? Je lirai l'article 100 du Code civil pour démontrer le contraire. Veut-on l'application de ces principes; un exemple de tous les jours nous suffira.

Le procureur du roi, en se livrant à la vérification des actes de l'état civil, s'aperçoit que, dans un acte de naissance, on a omis ou désigné d'une manière erronée l'époque de la naissance d'un individu. Il importe que l'âge soit fixé, afin de connaître les citoyens qui devront faire partie du contingent annuel de l'armée.

Aucune partie n'élève de réclamation : le ministère public seul, d'office, partie unique et principale, demande, dans un intérêt général, la rectification de l'acte de l'état civil contenant une fausse énonciation du moment de la naissance, ou n'en contenant aucune. Cette rectification

chefs de sa demande (C. cass., 4 avril 1811) ; — 4° elle peut former opposition aux ordonnances de la chambre du conseil (135 Instruct. crim.) ; — 5° appeler des jugemens correctionnels qui nuisent à ses intérêts (202 *ibid*); — 6° se pourvoir en cassation (373 *ibid*) ; — 7° discuter la caution offerte par le prévenu pour obtenir sa liberté provisoire (117) ; 8° enfin, obtenir contre le condamné des dommages-intérêts, sans être obligée d'intenter un procès séparé devant les tribunaux civils.

Et voilà qu'au moyen d'une fiction arbitraire, on vient dire que la partie non présente a néanmoins été partie au procès par le fait du ministère public ; quand elle a été privée de tous les avantages accordés privativement à celle qui se porte partie civile.

est prononcée (1). Or, je le demande, cette rectification poursuivie et obtenue par le ministère public, partie principale,. liera-t-elle les tiers, et même l'individu que l'acte rectifié concerne, pour un objet autre que l'opération du recrutement? Celui-ci pourra-t-il, armé du jugement de rectification, faire rendre gorge à des parens qui ont recucilli une succession à son préjudice, arguant de ce qu'il était parent plus proche, et né ou conçu à l'époque de l'ouverture? Les tiers pourront-ils lui opposer ce même jugement en sens inverse? Enfin cette décision obtenue par le ministère public aura-telle au civil même l'effet qu'aurait, au criminel, un arrêt de cour d'assises? Une pareille opinion ne serait pas soutenable en raison naturelle ; de plus, l'article 100 du Code civil, qui, à la vérité, ne prévoit pas l'hypothèse précise que nous avons simulée, fournit incontestablement la décision à donner en pareil cas (2). — Et pourtant le ministère public n'agissait-il pas ici comme représentant de la société, dans un intérêt public et général! Et si l'on sait bien, dans ce cas, discerner l'intérêt public de l'intérêt privé, si l'un est tout-à-fait indépendant de l'autre, si l'on ne redoute pas la possibilité de jugemens contraires ; pourquoi vient-on témoigner de l'asservissement de l'intérêt privé à l'intérêt général, quand il s'agit de considérer le ministère public comme accusateur? Pourquoi cette fusion ou plutôt cette *confusion* entre l'ordre privé et l'ordre public? Pourquoi, enfin, ces terreurs puériles à l'idée seule de jugemens opposés?

Ce qui tourmente si fort nos adversaires n'est qu'un co-

(1) Circulaire du ministère du 22 brum. an iv. — Loi du 21 mars 1832 sur le recrutement. (Bull. 9, 68, 149 ; —Duverg., 37, 88).

(2) Voy. *infra* ma dissert. sur les Act. préjud.

losse de fumée ; c'est un monstre qui n'a de vie que dans leur imagination. Aussi, sentant que la loi dont ils veulent se faire forts devient une arme qui se brise entre leurs mains ou se tourne contre eux, ils abandonnent son texte qui les condamne, pour se livrer à des aperçus où nous ne craindrons point de les suivre.

Avant de passer à l'examen des nouveaux moyens auxquels je fais allusion, constatons par une dernière remarque combien est fausse la voie où se sont engagés ceux qui ont voulu maladroitement argumenter de l'art. 1351, Code civil. — Il est une nouvelle condition pour qu'il y ait autorité de chose jugée, condition dont ne parlent nullement les partisans que nous combattons : c'est que non-seulement la demande soit formée entre les mêmes parties, mais encore que ces parties *agissent en la même qualité de part et d'autre.* Je ne sais pas, ou plutôt je sais très-bien, par quelles arguties on cherchera à faire comprendre que cette condition n'est point violée : mais (qu'on me pardonne cette témérité) je crois pouvoir assurer qu'il n'y a que des esprits satisfaits par l'intelligence qu'ils croient avoir d'un raisonnement subtil et embarrassé, qui puissent se laisser prendre à de pareilles amorces : c'est un leurre tendu aux curieux.

Laissons donc de côté l'article 1351, qui ne nous offre aucun argument sérieux : prenons une route plus digne et plus élevée pour arriver à une décision aussi importante.

II.

Le second moyen employé pour détruire l'opinion que je défends repose sur quelque chose de vague et d'assez

indécis dans notre législation. Je m'efforcerai de le présenter dans toute sa force; car, plus il paraîtra fermement
établi, plus sa défaite sera péremptoire; bien que, du
reste, si j'avais à soutenir une pareille thèse, ce n'est point
encore là le genre de preuves sur lequel je me baserais.

Ceux qui l'ont employé ne me paraissent pas avoir
senti la portée de leur argument, ou du moins ne l'ont point
fait saisir à leurs partisans.

Voici, ce me semble, en quoi il consiste :

L'article 1351, nous dit-on, ne saurait, il est vrai, servir
à établir que les jugemens criminels puissent régler le sort
de l'action civile. Mais il faut songer que ces principes ont
trait particulièrement au cas de deux actions du même
genre, et ils peuvent rester étrangers à l'influence du criminel sur le civil, et réciproquement, sans qu'on en puisse
conclure que cette influence n'existe pas. Si donc cette
influence existe, ce n'est pas en vertu de l'art. 1351 qui est
inapplicable, mais cela vient de ce que l'action criminelle
est préjudicielle. En effet, qu'est-ce qu'une action préjudicielle? C'est celle qui doit être jugée avant une autre
action et qui influe nécessairement, du moins en général,
sur le sort de cette dernière. Or, ce double caractère se
rencontre dans l'action criminelle : ainsi l'art. 3 du Code
d'instruction criminelle veut que l'action criminelle ait le
pas sur l'action civile; puis l'art. 463 *ibid.* proclame le second principe, puisque, si les actes reconnus et jugés faux
doivent être lacérés, c'est que nécessairement le jugement
intervenu sur l'action criminelle règle le sort de l'action
civile. — L'action criminelle réunissant donc tous les caractères d'action préjudicielle, proprement dite, il faut
en appliquer les effets.

J'interromps ici mes adversaires, parce que nous ne nous entendrons plus. D'abord, je nie qu'il y ait action préjudicielle : ensuite, quand même j'accorderais, ce à quoi je ne tiens guères, que l'on trouve le caractère de *préjudicialité* dans l'action criminelle, cela ne serait pas une concession bien périlleuse pour moi ; car si j'accepte comme bonne la définition donnée de ce genre d'actions, je suis loin d'en déduire toutes les conséquences que l'on prétend en faire découler.

Je ne sais si je m'abuse, mais j'aperçois une erreur profonde dans le système adverse : à quel principe, en matière de chose jugée, prétend-on par hasard que le caractère préjudiciel d'une action puisse faire exception? Serait-ce donc à la condition d'*identité des parties?* M'abandonnera-t-on sans peine la maxime, que le ministère public représente tous les intérêts, comme fausse et erronée? mais en déclarant que, l'action étant préjudicielle, le jugement qui intervient à son occasion a autorité même contre les tiers qui n'ont été ni parties ni représentés. C'est ce qu'il s'agit de fixer d'une manière certaine.

Comme ici je vais entrer en lice avec une masse imposante d'auteurs recommandables, comme je n'ai pour me soutenir que ma faible raison et mes lumières plus faibles encore, je ne veux risquer aucun de mes moyens de défense, ni compromettre ma cause par un abandon trop précipité : aussi ne faut-il pas perdre de vue la réserve que j'ai faite, de contester le caractère de préjudicialité attribué à l'action criminelle.

Je ne sais si la confusion que je crois apercevoir dans les auteurs qui parlent d'actions préjudicielles est plutôt dans mon esprit que dans leurs livres ; mais, à coup sûr, et pour répéter le mot diplomatique en vogue : Il y a quelque chose à faire.

Un grand mystère semble dérober aux regards de l'intelligence la véritable nature des actions préjudicielles ; tout le monde en parle, sans expliquer le sens qu'on y attache. Pourtant il est un point admis presque sans discussion par tous les auteurs, Proudhon, Toullier, Duranton, etc., etc.; et c'est sur ce point que j'ai vu naître chez moi les doutes les plus sérieux, qu'après un examen consciencieux, j'ai cru devoir regarder comme bien fondés. Une main aussi inhabile n'est point faite pour ébranler un édifice législatif, que l'on dit appuyé sur le Droit romain et l'ancienne jurisprudence ; mais ces deux plus forts soutiens venant à manquer, on ne trouvera point trop téméraire celui qui osera toucher à ce monument qui, il faut en convenir, se trouve bâti en l'air, faute de base.

Disons d'abord que dans les discussions de droit on doit toujours raisonner la loi à la main, et ne pas se perdre dans des considérations qui ne font point la loi, mais la défigurent. Ce n'est point avec des mots magnifiques, ni des idées fébriles d'ordre social et public que l'on peut interpréter un texte. Ne nous élevons point au-dessus de la loi; restons à son niveau ; elle nous présente, même dans sa sphère, un ordre d'idées assez supérieur pour que l'on ne cherche pas à en sortir.

Toutes ces réflexions me sont suggérées par l'étude, aussi approfondie que cela m'a été possible, du système universellement adopté sur les questions dites préjudicielles, et sur l'effet des jugemens intervenus à leur occasion.

Je m'attache principalement à M. Toullier, qui, seul

entre tous, cherche à fonder la théorie sur les causes qu'il présente comme vraies et qu'il croit telles.

Entrons dans l'examen des moyens qu'il emploie et qui sont empruntés à trois sources différentes.

M. Toullier donc, et il n'est en cela que le représentant de l'opinion de tous, pose en principe que les jugemens rendus, avec *un contradicteur légitime,* sur les questions préjudicielles, *vulgo liberali causa* (1), lient tout le monde, même ceux qui n'ont été ni parties ni représentés au procès.

Il base cette proposition :

1° Sur le droit romain ; 2° sur l'ancienne jurisprudence ; 3° sur des raisons d'ordre social, sur des considérations de paix publique.

Remarquons d'abord une chose assez originale, c'est que de notre droit il n'en est pas dit un seul mot. Cela doit au moins suffire pour justifier le peu de foi que j'ai eue dans l'opinion des auteurs, qui ne font du reste que se répéter sur ce point comme sur tant d'autres.

Serait-il bien vrai donc qu'en droit romain l'effet du caractère préjudiciel attaché aux actions dites *liberali causa,* dont il est parlé aux Institutes (*Lib. IV, tit.* 6, § 13), fût tel, que le jugement une fois intervenu sur ces questions devînt loi pour toute la société et fixât d'une manière irrévocable, envers et contre tous, le sort de celui pour ou contre lequel il avait été rendu ?

En nous reportant aux idées premières et élémentaires, que voyons-nous se passer dans les actions d'état dites pré-

judicielles? Une action en pétition d'hérédité est engagée ;
le défendeur nie la filiation arguée par le demandeur pour
fonder son action en pétition d'hérédité : alors le magistrat
délivre un *prœjudicium (prœjudicialis actio, formula)*, au
moyen duquel les parties font d'abord juger la question d'é-
tat et reviennent débattre la question d'hérédité ou l'abandonnent, suivant l'issue du *prœjudicium* (loi 2, *C. de or-
din. judic.*).

Telle est la nature de l'action préjudicielle proprement
dite.

Voyons-nous dans tout cela une exception au principe
sacré de l'identité des parties, condition indispensable pour
qu'il y ait autorité de chose jugée? Cette exception est-
elle consignée dans la loi 63, ff., *de re judicata,* qui, après
avoir posé la règle, énumère les espèces d'exceptions qui
y sont apportées? Ne faut-il pas au moins une induction tirée d'une disposition quelconque du droit romain qui suppose ce principe exorbitant?

Mais ce texte on nous l'oppose :

On nous lit les lois 1 *in fine,* 2 et 3 *in principio, ff., de
Agnosc. vel ab. lib., et* 25 *eod. de stat. homin.* (1).

Les lois tirées du titre *de Agnosc. lib.* supposent en
définitive un père contestant qu'un tel soit né de lui et un
jugement intervenu sur la question : alors, de deux choses

---

(1) Je pourrais dire justement, avec M. Merlin, que ces lois ne concer-
nent que l'action en désaveu, à l'égard de laquelle il n'y a pas de question ;
mais il ne m'a pas semblé que ce fût là le sens et le but direct de ces lois.
Qu'il me soit du moins permis de constater par la discussion suivante le
principe débattu dans l'école, qu'à Rome, ce qui était jugé avec la personne
ayant un intérêt direct, l'était de même contre ou pour celle ayant un
intérêt secondaire ; ainsi du père au fils, du maître à l'esclave.

l'une ; le juge a déclaré ou que l'enfant mis au monde par la femme n'est pas l'enfant du mari, cas auquel l'enfant sera considéré comme n'étant pas légitime , quand même il le serait en réalité ; ou bien que cet enfant appartient au mari, et, dans ce cas , celui-ci sera obligé de le tenir pour tel, quoiqu'en fait cela soit faux (*quia res judicata pro veritate habetur*), et l'enfant sera par là même *consanguineus fratribus suis*, frère consanguin des autres enfans nés du mariage. Pourquoi cela? C'est, ajoute la loi 3 *ibid.*, *placet enim ejus rei judicem jus facere*. De là on tire un double argument , et l'on dit : La preuve que la question d'état une fois jugée (avec un contradicteur légitime) ne peut plus être débattue par personne, se trouve dans cette disposition formelle , suivant laquelle l'enfant déclaré le fils d'un tel est par cela seul le frère des autres enfans de cet individu ; et surtout dans cette maxime proclamée hautement : *Placet judicem... jus facere*. Le jugement intervenu a la force, l'autorité d'une loi ; donc il lie tous les citoyens : le juge est érigé en législateur et fixe l'état des personnes d'une manière immuable , sans que jamais qui que ce soit puisse venir débattre sur ce point.

Voilà, je crois, à-peu-près tout ce que l'on dit.

Qui se serait jamais douté que cinq ou six mots tirés d'un fragment, entrecoupé lui-même de fragmens différens, serviraient à édifier une théorie grave et importante , tout exceptionnelle du droit commun, devant influer assez dangereusement sur les droits et les intérêts les plus sacrés ! Quoi ! la loi romaine, si diffuse , du moins par le nombre des textes, qui, sur une même matière, fourmille de dispositions uniformes ou diverses, d'une importance secondaire ; cette loi, dis-je, aurait jeté dans un petit réduit,

mesquinement logé entre deux textes étrangers, ce principe hardi, périlleux, qui devait grandement compromettre la constitution des familles, et par là l'organisation sociale tout entière ; car cette règle n'est pas purement
législative, elle est aussi profondément politique. Ce caractère, cette importance que je signale auraient dû se
faire sentir surtout à Rome, où l'on était si jaloux des droits
de famille, des droits de citoyen ! Eh ! mais, pour le dire de
suite, puisqu'on parle de contradicteur légitime, qui l'eût
été dans le cas de filiation ? Quel texte de loi réglemente
cette matière ? Qui l'eût été surtout dans les questions d'é-
tat de citoyen, d'homme libre ? Quel vaste champ ouvert à
l'arbitraire !! Les mêmes réflexions vont se reproduire
tout-à-l'heure sur notre droit....

J'ai critiqué, et avec raison, les discussions qui reposent
sur des mots et des considérations ; j'arrive de suite aux
textes.

Si, pour appuyer la loi 3, *ff.*, *de Agnosc.,* on nous repré-
sentait quelques espèces tranchées par les jurisconsultes,
cette loi serait d'un grand poids dans la discussion. La seule
qu'on nous représente (je néglige les autres pour un instant) est celle de la loi 25, *ff.*, *de statu hominum.* Que dit
cette loi ? Que nous devons regarder comme ingénu celui
qui a été déclaré tel par un jugement, *quia res judicata
pro veritate habetur.*

Assurément on ne niera pas que cette loi ne puisse s'entendre dans un sens plus naturel, conséquemment plus
vrai que celui qu'on veut lui prêter. En résulte-t-il que la
qualité d'ingénu une fois jugée soit irrévocablement acquise à celui en faveur de qui le juge a prononcé ? Je n'y
vois rien de cela. Ulpien applique ici la règle énoncée à la

loi 207, *ff.*, *de div. Regul. jur.*, et il nous apprend que si un homme est jugé ingénu, il doit être réputé tel : mais par qui, à l'égard de qui ? *Res judicata pro veritate habetur.* C'est vrai : qu'est-ce que cela prouve ? Que la chose jugée a effet contre les tiers ! ! Mais si ce principe répété à chaque instant ne reçoit point cette extension dans d'autres textes, pourquoi la lui donne-t-on ici ? On dit : A quoi bon déclarer une chose si simple ? A cela, je répondrai que probablement cela a convenu à Ulpien et à ceux qui l'ont rapporté; que d'ailleurs cette règle si simple est aussi dans la loi 207 précitée et dans une foule d'autres.

Il y a plus ; je crois que si Ulpien a émis ce principe d'une manière formelle dans la loi 25 *de stat. homin.*, et s'il a dit : *Facit jus* dans la loi 3 *de Agnosc.*, c'est par une raison toute particulière, née du caractère préjudiciel des actions dont il s'agit.

En effet, si nous consultons différens textes, tous appartenant à Ulpien, nous remarquons facilement que ce jurisconsulte fait une opposition constante entre l'action dite *præjudicium* et l'action principale qui y donne lieu, et de cet antagonisme résulte une différence sensible dans l'application des principes. Lisons la loi 5, § 8 *et* 9, *ff.*, *de Agnosc.* Dans le § 8, on nous dit que si une demande d'alimens est formée par un père contre son fils, ou *vice versa,* et que la paternité ou la filiation soit contestée, alors le sort de la demande d'alimens sera déterminé par celui de la question d'état. « *Meminisse autem,* ajoute le § 9, *oportet, et si pronuntiaverint ali oportere, attamen eam rem* PRÆJUDICIUM NON FACERE *veritati, nec enim,* etc. »

Ulpien, dans la loi 10 *de his qui sui, ff.*, expose la même idée : « *Si judex nutriri vel ali oportere pronuntiaverit, dicendum est, de veritate quærendum, filius sit, an non ; neque enim alimentorum causa veritati* FACIT PRÆJUDI-CIUM. »

Puis ensuite vient la loi 3 *de Agnosc.,* prise dans Ulpien ; et la loi 25, *ff., de stat.,* aussi d'Ulpien, tirée de ses dissertations sur les lois *Pappia, Poppea,* comme la loi 10 *de his qui sui,* laquelle vient appliquer à la question d'ingénuité ce qu'on vient de dire des questions d'état.

Cela posé, n'aperçoit-on pas la marche du jurisconsulte, qui oppose sans cesse l'action préjudicielle à l'action qu'elle doit résoudre ; l'effet du *præjudicium* à l'action qui n'a pas ce caractère? Que résulte-t-il de cette comparaison? Que celle-là *(præjudicium)* une fois jugée, *facit jus,* même contre la vérité des choses, tandis que l'autre cède à la preuve contraire, à la démonstration de la vérité. M'accorde-t-on des alimens? Rien n'est préjugé quant à la question d'état *(non facit jus).* Suis-je reconnu pour le fils de Titius, au contraire ? Alors cette qualité m'est acquise devant le juge de la pétition d'hérédité, de la demande d'alimens. Elle m'est tellement acquise, qu'aucune preuve du contraire n'est admise ; cela fait loi même contre la vérité des choses : *Facit præjudicium veritati, facit jus,* pour toutes les demandes postérieures qui en découlent (1). Mais

---

(1) La loi 25, *ff., de stat. homin.,* peut recevoir encore une explication qui me paraît rationnelle. Dans les lois *Pappia* on s'occupait principalement des mariages, de l'ingénuité, des questions d'état. Combinons les lois suivantes. Loi 1, § 1, *ff., de jure aureorum annulorum ;* loi 2, princip. et § 2, *ff., de collusione detecta ;* loi 3, *ff., ibid. (non justo contradictore...* Ces mots signifient : Avec un homme de paille, s'il y a eu collusion. C'est probablement ce qui a fait parler de contradicteur légitime). Surtout la loi 4, *ff., de collus. detec.,* tirée d'Ulpien sur les lois *Pappia.*

Cela ne donne-t-il pas le sens et la portée de la loi 25 dont il s'agit ? Ainsi

entre qui? Voilà le point à résoudre. Si les lois étaient totalement muettes, quant à ce chef, que devrait-on décider? Que ce jugement ne fait loi qu'entre les parties. C'est la règle générale. Or, il importe de bien constater le silence absolu des lois que je viens de citer, et surtout l'impossibilité de rapporter un texte quelconque consacrant, même implicitement, cette exception. Ils ont bien la loi 2 *de Agnosc.*, mais nous verrons ce qu'elle décide.

Auparavant, puisque je ne trouve aucune disposition favorable à l'opinion que je combats, peut-être serai-je plus heureux à défendre la mienne.

Je lis une loi **4**, au Code *de liberali causa,* qui prévoit précisément l'espèce d'une question d'état. Elle est ainsi conçue : « *Si is quem in servitutem petebas, liber* (quam- « vis absente te) *causa cognita pronuntiatus est, secunda* « *in servitutem petitio ejus dari tibi non debet.* »

Peut-être rétorquera-t-on cette loi contre moi, en l'expliquant de la manière suivante : « Si celui que tu réclamais comme ton esclave est jugé pendant ton absence, *et contre une autre partie*, être libre, tu ne peux plus renouveler ta demande. » Mais qui ne voit que ce serait fausser le texte et le sens de la loi? En effet, il s'agit d'un individu

Ulpien pose en principe que celui qui est jugé ingénu sera considéré comme tel, *quia res judicata pro verit. habet.*; c'est ce qu'il dit : *Medio tamen tempore... Loi 4, loc. citat.*

On comprend la loi 25 qui, seule, ne semble pas un texte complet, mais qui, *réunie aux textes qui pouvaient la précéder ou la suivre*, présente le complément d'une idée suivie, raisonnée, tout autre que celle qu'on veut y voir. Ulpien donne un exemple de l'autorité attachée à la chose jugée pour faire mieux comprendre que s'il y a collusion, fraude, cette présomption cesse, et avec elle tous les effets qui en étaient la conséquence, *atque si judicata nulla res intervenisset (loi 3, ff., de coll. detec.).*

que je réclame comme mon esclave ; on suppose évidemment que ma demande est intentée, et que c'est sur elle qu'intervient le jugement, car la loi ajoute que je ne pourrais pas former une *seconde demande* (*secunda petitio*). D'ailleurs la loi prévoit l'hypothèse où la partie a fait défaut depuis la *litis contestatio*, cas auquel elle a l'appel pour revenir contre le jugement ; donc, il s'agit bien d'une décision rendue contre moi, et alors la loi dit qu'il y aura chose jugée à mon égard (*secunda tibi*). Cela est confirmé par la dernière phrase de la loi, qui termine en disant que celui qui n'a point été présent au jugement, et qui vient à en avoir connaissance, peut interjeter appel *in auditorio*. Or, je ne sache pas que, même en droit romain, on eût pu interjeter appel d'un jugement rendu contre des tiers. Enfin les mots *quamvis absente te* trouvent leur explication formelle dans la loi 40 *ibid. juxta edicti*, suivant laquelle le défaut de la partie adverse n'empêche pas que le juge prononce même sur les causes touchant l'état des citoyens (*liberales*), en se décidant d'après les règles de la justice. N'ajoutons rien au texte, et le sens en sera tel que je l'ai fixé.

Et si on veut une preuve plus complète de ce que j'avance, il suffira de lire la loi 27, *eodem titulo*, qui ne présente aucune ambiguïté malgré son extrême laconisme. « *Arianus mota sibi quœstione a Leonide : « Liber fuit « pronuntiatus? » In servitutem a victo iterum non recte « petitus est.* » On a fait cette question à Arien : « Un homme a été jugé libre? » Il répond : « Celui qui a été vaincu dans ce procès ne peut plus renouveler sa demande (*iterum*). »

Il me semble que rien n'est plus clair, et que ces lois ne

font que consacrer et répéter le principe que : *Res judicata pro veritate habetur,* mais seulement entre les parties. (*Tibi.... victo*).

D'ailleurs ce point était déjà reconnu par Godefroy qui, à propos de la loi 27 que je viens d'expliquer, dit : *Liber pronuntiatus, ab adversario nunquam in servitutem peti potest : ab alio posse videtur. Argument, L. 63, ff., Re judic.* J'ajouterai les lois 9 et 30 *de liberali causa,* au Digeste, dont il va être question.

Ces textes démontrent déjà que l'on appliquait les règles générales de la matière même aux questions de *liberali causa,* et ne donnent expressément au jugement intervenu sur elles que l'autorité résultant de toute autre décision.

Point de raison donc, jusqu'à présent, de nous écarter des principes stricts.

Combien cette opinion va prendre de force et de consistance quand nous lirons les lois 9 et 30, *ff.*, *de liberali causa.* Ces lois sont formelles et ne laissent aucune équivoque ; et il est réellement curieux, philosophiquement parlant, qu'une erreur aussi manifeste, combattue par des dispositions expresses, ait envahi tous nos jurisconsultes ; et surtout qu'on soit allé, mal et méchamment, construire un système ambigu, énigmatique, sur une seule loi qui ne présente qu'un sens assez incertain, ainsi que le prouve la reconstruction qui en est faite par Pothier. (*Ad pandect*). Je m'abstiens d'expliquer littéralement les lois 9 et 30 que je viens de citer : il suffit de les lire ; le sens en est clair et incontestable, je ne le sais même pas contesté.

D'ailleurs cette grande erreur était-elle donc partagée par les anciens docteurs ?

Je ne veux citer, pour preuve du contraire, que deux jurisconsultes : Albéric sur la loi 3 *de Agnosc. lib.*, et surtout Bartholle qui, dans son tome III, § PLANE, nous dit expressément, à travers une foule de citations et d'abréviations assez obscures, ces mots remarquables : « *Senten-* « *tia lata in causa filiationis inter patrem et filium facit* « *fidem quo ad eos.... hæc sententia nulli præjudicat, nisi* « *inter patrem et filium.* »

Bartholle, avec toute son érudition et ses doctrines parfois fantasques et ridicules, a vu clair dans cette question, et il a posé un principe qui lui paraissait sans doute hors de contestation.

Si nous revenons à des citations plus modernes, une autorité imposante viendra corroborer notre opinion de son adhésion et de la production d'un nouveau texte en notre faveur. Pothier s'exprime ainsi : « *Ipse quidem, qui hoc judicio victus est, servum iterum petere in servitutem non potest. Alius autem potest, et quidem heres etiam ejus, modo non hereditario nomine.* » *Unde Labeo : Si servus* « *quem emeras, ad libertatem proclamavit, et ab judice* « *perperam pro eo judicatum est, et dominus ejus servi* « *post rem contra te judicatam, te heredem fecit, aut* « *aliquo nomine is tuus esse cæpisset, petere eum tuum esse* « *poteris. Nec tibi obstabit rei judicatæ præscriptio : Javo-* « *lenus, hæc vera sunt* » (*Loi 42, ff., de liberali causa*). (*Loi 11, § 4, ff., de Except. rei judicat.*). Et Pothier donne pour raison de cette disposition : « *Nec enim nocet res inter alias personas judicata.* » On me saura gré de m'abstenir de plus amples citations.

Reste maintenant à fixer le sens et la portée de la loi 2 , *ff., de Agnosc.* Rien de plus simple, selon moi.

La loi dit que l'enfant dont l'état a été jugé avec le père, et qu'on a déclaré, par exemple, être le fils de ce dernier, devra être considéré comme tel, même contre la vérité des choses, *in omnibus causis.* Que signifient ces mots? On prétend leur donner ce sens, que, dans tous les autres procès soutenus même avec des tiers, l'enfant pourra opposer le jugement primitif rendu entre lui et son père : que, par exemple, il sera le frère consanguin des autres enfans du mari... Si tel est le sens de ces mots, l'exemple qui est donné est fort mal choisi, car par lui-même il ne décide rien sur le point en question. Que la chose jugée contre le père soit opposable aux enfans, surtout en cette matière ; certes cela n'est pas si étonnant : toute remarque à ce sujet serait par trop futile.

Ce qui paraît devoir ébranler, ce sont les expressions *in omnibus causis, en tous cas.* Voilà donc cette théorie d'un intérêt majeur solidement édifiée sur un trépied monosyllabique! Passez-moi le ridicule de la figure en raison de la singularité de la chose. On présente des lois longues, explicatives, précises, formelles, et trois mots les anéantiront! Mais je ne puis concevoir qu'on aille mettre en action toute la subtilité dont une intelligence humaine est capable, pour arriver à une décision injuste et bizarre, fondée sur des terreurs paniques de bouleversement social, de trouble public!!! Que veulent donc nous dire ces trois mots cabalistiques, innocens auteurs de tant de controverses?... Tout simplement que l'enfant, reconnu le fils de Titius, jouira de tous les effets de cette qualité. Ainsi, il héritera de son père, *consanguineus fratribus suis erit :* il faudra l'instituer ou l'exhéréder formellement. Il devra

des alimens à son père, et ce dernier pourra en exiger de
lui, etc., etc.

Il est donc établi pour moi, que l'on commet une erreur
grossière en soutenant que le Droit romain attachait aux
actions dites préjudicielles ou de *liberali causa*, un effet
tel, qu'une fois jugées (*cum justo contrad.*), elles l'étaient
irrévocablement envers et contre tous.

Si nous consultons maintenant l'ancienne législation en
remontant jusqu'à Albéric et Bartholle, nous avons vu ce
qu'ils décidaient. Quant à notre vieux Droit français, je
me contenterai de citer un arrêt rendu par le Parlement de
Paris le 4 février 1689, qui décide implicitement la question ; car il porte, en substance, que le droit de contester
l'état déjà jugé (même avec les contradicteurs légitimes),
ne passait point à la seconde génération, quand les parens
de la première avaient gardé le silence, ce qui suppose
évidemment que ceux-ci pouvaient ne pas le garder.

Qui ne voit dans cette décision la preuve que M. Toullier se trompe en invoquant à son appui ce qu'il appelle les
anciens principes ?

Restent les considérations de paix publique et d'ordre
social.

Ce moyen serait recevable, ou du moins mériterait une
attention réfléchie, sous l'empire de notre loi seulement,
si elle n'avait absolument rien dit. Encore je ne sache pas
que, dans son silence, il faille s'écarter des principes du
droit commun. Il y aurait donc à peser et à décider qui
devrait l'emporter des principes ou des considérations ?
Pour moi la question serait bien vîte tranchée. Mais ras-
surons-nous, la loi a parlé, et si tout ce que j'ai dit jusqu'à
présent, tant sur le Droit romain que sur notre vieille ju-

risprudence, est erroné, cela ne change nullement la solution, puisqu'elle est donnée législativement. Ainsi, je
citerai l'article 100 du Code civil, dont j'ai déjà fait usage
sous un autre point de vue, suivant lequel les jugemens de
rectification des actes de l'état civil ne préjudicient nullement aux tiers qui n'ont point été parties au procès. Or,
pourtant, ce sont là de véritables jugemens sur des questions d'état.

Veut-on un autre exemple :

Je suppose qu'un individu soit rayé par le préfet des
listes électorales comme étranger, que par un jugement il
fasse pourtant décider qu'il est Français ; et que, postérieurement, il ait figuré comme témoin dans un testament
authentique, sera-t-on déchu du droit d'attaquer ce testament, en arguant de ce qu'un des témoins était étranger?
Pourra-t-on opposer le jugement rendu et débouter purement et simplement le demandeur par l'exception *rei judicatæ?* Ce serait le bouleversement de tous les principes. Je
serais curieux de savoir comment serait motivé l'arrêt de la
Cour de cassation annulant un arrêt de la Cour royale qui
n'aurait tenu aucun compte du jugement primitivement
rendu ! Mais quelle loi cette Cour aurait-elle violée ! Deman-
dez plutôt à M. E. G. si, malgré les jugemens qu'il présen-
tait, la Chambre des Députés n'a point statué sur la question
d'état qu'on avait déjà soulevée et décidée ! ! ! Ah ! c'est que
l'on était pénétré de ce principe sacré de l'identité des parties. C'est qu'il est vrai en droit et en bon sens que la chose
jugée n'est qu'une présomption, laquelle ne saurait préju-
dicier aux intérêts des tiers !

Ce bouleversement social, ce désordre dans les familles,
je l'aperçois à la suite de la théorie que l'on a rêvée à une

époque que je ne puis préciser ! Ma faible raison se refuse
à considérer comme Français celui qui a subi la seule
épreuve d'un jugement rendu avec une partie dont j'ignore
la bonne foi sans pouvoir l'attaquer. Moi, simple neveu,
je ne me crois point représenté par mon oncle, dans un procès dont la perte peut me donner des cousins qui viendront
partager avec moi les successions que je croyais être seul
appelé à recueillir. Je ne saisis point le lien mystérieux qui
m'attache à la bonne ou mauvaise fortune d'un parent de
qui les intérêts sont tout-à-fait distincts des miens ! Quand
un enfant a pour lui le titre et la possession conforme, tout
le monde a la bouche close, parce qu'alors la loi et la nature se sont réunies pour créer une filiation. Je serai le cou-
sin de cet enfant de par la nature et la loi. Mais quand il
s'agit d'un jugement, plus de garanties ; car jusqu'à un
certain point, la décision des juges est dans la volonté de
l'homme, et je ne saurais être lié que par le consentement,
la volonté de moi seul ou de ceux qui me représentent (1).

Voilà pour les considérations.

Je finirai en demandant ce que c'est qu'un contradic-

(1) Invoquera-t-on l'indivisibilité de l'état ? Je ne puis m'empêcher de
qualifier de chimérique cette fausse application d'un principe vrai par lui-
même. On fait grand bruit du mot indivisibilité, et cela se réduit à rien. Que
m'importe que votre état soit indivisible ? je sais fort bien qu'en fait vous
ne pouvez pas être fils d'un tel pour moitié ! Mais ce que je soutiens, c'est
que vous n'êtes point du tout le fils d'un tel à mon égard. Le droit que vous
confère ce titre pour ce qui me concerne, n'est point reconnu contre moi.
Je ferais les mêmes réflexions sur les pensions alimentaires. Certainement
on ne peut pas vivre pour moitié : mais en quoi cela peut-il changer mon
obligation qui ne doit pas seulement être mesurée sur vos besoins, mais aussi
sur mes facultés ? Du reste, la pratique a fait justice de toutes ces subtilités,
et l'on admet jusqu'à dix procès sur une demande d'alimens ; il ne peut jamais y avoir chose jugée à cet égard, malgré la prétendue indivisibilité de
l'obligation.

teur légitime ? Ce que l'on dira sera puisé dans le caprice d'un auteur. La vieille jurisprudence témoigne assez des difficultés inextricables qu'engendrait sur ce point l'admission de cette théorie. (*Dargentré, Avis sur le partage des nobles,* 29, nº 7) (1).

Quelle conséquence tirer de cette digression ? Elle m'aura servi à répondre à ceux qui prétendent que l'action pénale, étant *préjudicielle* à l'action civile, doit en régler le sort même à l'égard des tiers qui n'ont point paru au procès criminel.

Nous sommes donc arrivés à ce point de poser ce dilemme à nos adversaires : Ou l'action criminelle est *préjudicielle* (dans le sens complet du mot) à l'action civile, ou elle ne l'est pas. Dans ce dernier cas, tout est dit, le combat re-

---

(1) Je dois justifier cet exposé qui, je le sens, paraîtra hors de saison, si l'on n'a pas soin de remarquer que généralement c'est aux questions d'état que se donne la qualification de préjudicielles, quand on parle de l'influence résultant de ce caractère de l'action civile sur l'action pénale. Ce qu'il importait d'établir, c'était le point de droit en général : or, je démontre qu'en principe, les questions préjudicielles par excellence n'ont point l'effet qu'on a voulu leur attribuer, même dans la sphère des lois civiles. M. Merlin fait encore un autre raisonnement que nous ne devons pas laisser sans réponse. Voici ce à quoi il se réduit : « Quand l'action civile tient en suspens l'action pénale, il y a influence forcée sur cette dernière quant à la chose jugée, parce qu'il y a action préjudicielle. Donc, quand l'action criminelle suspend le jugement sur la poursuite civile, elle doit avoir la même influence, ayant le même caractère. » Cela repose sur une confusion de mots et d'idées que je cherche à faire entrevoir dans cette discussion. (*Voy.* infra, *l'idée que j'émets sur les actions préjudicielles et la raison que je donne de l'article* 3 , *instr. crim.*). Pourquoi le jugement sur l'action d'état influe-t-il sur la décision criminelle à intervenir? Mais c'est parce que le tribunal criminel est incompétent pour connaître de cette question ; la loi n'eût rien dit qu'il en eût été toujours ainsi ; quand il s'agit de l'action criminelle qui suspend l'action civile, il y a une autre raison à donner, car le tribunal civil est toujours compétent pour constater le fait et statuer sur la demande civile. Il n'y a donc aucune induction à tirer d'un cas à l'autre ; la logique de M. Merlin me semble tomber à faux.

commencera sur d'autres argumens. Si elle a ce caractère de préjudicialité, je ne vois nullement quelle conséquence on en déduira, quant à la chose jugée, à l'égard de ceux qui n'ont point été parties au procès criminel, puisqu'il est démontré pour moi que jamais *l'effet de la préjudicialité d'une action n'a été de donner au jugement intervenu sur elle l'autorité de la chose jugée entre d'autres qu'entre les parties ou leurs représentans.*

Ceux donc qui n'ont voulu baser leur système que sur ce moyen, je les tiens pour vaincus.

Mais, comme dans une discussion écrite il faut tout prévoir, ceux-ci ne pourront-ils point trouver une branche de salut en se rattachant à cette idée que le ministère public représente tout le monde, et qu'ainsi sont sauvés eux et les principes dont ils me font la concession ?

Il m'en coûte de revenir sur ce point. Cette idée me paraît enfantée par un écart de jugement. Ceux qui l'ont produite, et ceux qui l'ont répétée, ont trouvé l'axiôme de leur goût, et ils l'ont fait servir. Qu'une pareille maxime vienne orner un beau discours sur les droits et les devoirs des magistrats, qu'elle vienne exprimer la dignité de pareilles fonctions, dans tout cela la pensée est juste. Oui, le ministère public est l'organe de la société, il est l'homme de la loi et l'orateur de la patrie!.... Mais revenons au point de vue matériel, et ne faisons application que de la loi. Laissons de côté tout ce qui repose métaphysiquement sur l'effet de l'institution qui nous occupe, et ne lui donnons de pouvoirs que ceux qui lui ont été attribués législativement.

Quand j'émets cette proposition, que le ministère public est, au criminel, le représentant de toute la société, je ne l'invente pas ; je la trouve formellement écrite dans nos lois. (*Art.* 360, *C. inst. crim.*). Mais j'ai beau travailler cette idée en tous les sens, je ne vois pas comment on peut logiquement en conclure que le ministère public représente TOUS LES INTÉRÊTS ! Je ne lui donne cette qualité de représentant de la société dans la poursuite des crimes, de telle sorte qu'il y ait pour tous chose jugée à cet égard, qu'en vertu d'un texte formel. Mais vouloir étendre cette faculté au-delà [des limites fixées, c'est faire la loi, c'est mal raisonner.

A défaut de la loi, peut-on argumenter de l'origine de cette institution ? Elle ne prouve absolument rien (1).

Il vous faudra écrire des volumes pour, au moyen d'une phraséologie plus ou moins riche, faire adopter cette idée aux esprits positifs. Quand on s'égare ainsi dans les discussions ; sans avoir le flambeau de la loi à la main, on marche dans les nuages, et la chute est prochaine.

Néanmoins, voici sommairement ce en quoi consistera l'argumentation *ad hominem* qui pourra m'être adressée : « Vous m'accordez que le ministère public représente tout le monde pour la constatation du crime. Or, avant le *crime* il y a le *fait;* donc la constatation du *fait* a eu lieu pour tout le monde. »

_____

(1) Philippe-le-Long ordonna en 1318 : « Qu'il y aurait au parlement une *personne pour avoir cure de faire avancier et délivrer les causes le Roi...* et en la chambre des enquêtes une *autre personne ayant cure de faire cherchier et délivrer les enquêtes qui toucheraient le Roi.* » Serait-ce là l'origine du ministère public?... On trouve une création du ministère public avec les fonctions de nos procureurs du Roi, dans la constitution de Jacques II, Roi de Mayorque : « *Qui continue nostram sacram curiam sequi teneatur.... delicta investigentur, et investigata talea puniantur, etc...* » (*Leges Palatinæ Jacobi II, Regis Maioricarium*) rapportées dans l'introduction du tome III de la Vie des Saints du mois de juin, § XXV, *de Procuratore fiscali.*

J'ai déjà fait plus haut allusion à cette espèce d'objection. Certes le moyen est adroit, mais il n'est que cela.

Je concevrais cet argument si la décision du jury devait porter forcément sur la question de fait : mais on ne saurait partager en deux l'arrêt d'une Cour d'assises. La décision de la Cour constate l'existence ou la non-existence d'un crime, voilà tout. La preuve s'en tire de ce que la loi n'interroge point les jurés sur le fait, mais sur le crime. Elle ne leur demande même pas si l'accusé a commis, mais s'il est coupable d'avoir commis tel crime ; ce raisonnement me paraît donc reposer sur une idée fausse, et sur une mauvaise entente de la nature d'un arrêt de Cour d'assises.

Je veux présenter une comparaison que je ne donne point pour absolument juste, remarquons-le bien, mais qui habituera à cette idée que ce qui est décidé pour la société, que ce qui est jugé être à son égard, peut être décidé ou jugé n'être pas à l'égard des particuliers. Je m'explique. Quand l'administration autorise l'établissement d'une manufacture insalubre, elle juge que cet établissement est d'une utilité majeure pour la société : elle aussi représente tout le monde, sous un certain point de vue ; mais, là aussi, la loi ne confond point les intérêts privés avec ceux de la société ; et si moi, simple particulier, j'éprouve un dommage par suite des travaux de cette fabrique, je pourrai, nonobstant l'autorisation, demander des indemnités à celui qui me préjudicie. Je ne prétends point assurément assimiler ce cas à celui d'un jugement criminel ; il n'y a aucune analogie d'espèce à espèce ; mais je veux seulement faire sentir cette indépendance mutuelle entre l'intérêt public et l'intérêt privé (1); je veux pouvoir dire, sans trop effaroucher les esprits timides, qu'à la vérité, il y a un crime constaté pour la société, mais qu'il n'y a qu'un *fait crime* prouvé pour elle. Quant au fait en lui-même, il est en dehors de la décision de la cour d'assises et reste dans le domaine de la discussion, pour ce qui concerne les débats privés, quand ces débats n'ont point eu lieu devant les juges criminels. En un mot, le ministère public représente toute la société, mais nullement *tous les intérêts*. Il faut subir toutes les conséquences du principe.

Ceci, j'en conviens, doit paraître passablement métaphysique : mais la métaphysique est utile et nécessaire quand elle conduit à des résultats appréciables et justes ; et elle devient surtout permise, quand elle émane de l'esprit, de la volonté même de la loi, ainsi que je vais bientôt essayer de le prouver.

III.

Ce second mode d'argumentation épuisé, il en surgit un autre qui, selon moi, seul a su mettre de côté les sophismes et les arguties, pour arriver dignement à fonder

---

(1) Cette comparaison paraîtra absurde si l'on s'attache à l'analogie partielle : mais, dans les deux cas, il y a une idée première commune, et un principe identique. — Nous voyons un représentant de la généralité qui obtient une décision en faveur de la généralité : mais ce qui est reconnu pour cette dernière, ne l'est pas pour chaque individu dans la sphère de ses intérêts privés. — La cause, à la vérité, diffère ; mais le point commun consiste dans cette indépendance mutuelle entre l'ordre privé et l'ordre public : aucune suprématie, aucune influence de l'un sur l'autre. — Ce que la loi veut, c'est qu'un individu ne puisse pas être poursuivi criminellement pour le même fait : voilà en quoi le ministère public représente tout le monde ; quant aux intérêts dépendant de l'existence de ce fait, ils ne sont aucunement préjugés par la décision obtenue sur les poursuites du magistrat. — Scission complète entre les deux espèces d'intérêts.

l'opinion qu'il a choisie. Aussi, dans l'étude difficile de cette matière, lui seul a fait une impression réelle sur mon esprit, lui seul a pu m'ébranler un instant : non pas qu'il présente des preuves tout-à-fait nouvelles et inattendues, mais parce qu'il s'appuie sur une base immense et inébranlable, si elle est juste, sur la volonté de la loi. Non, dit-il, l'art. 1351 ne trouve point ici son application : il ne s'agit pas non plus d'actions préjudicielles ; mais l'action criminelle règle le sort de l'action civile, parce que la loi l'a voulu ainsi, parce qu'elle a dit : *Sic volo, sic jubeo, sit pro ratione voluntas.*

Tel est, en somme, le système présenté par M. Dalloz aîné (tom. 2, *Dict. alphab.*).

Est-il dans la bonne voie? J'en suis convaincu. Mais cette intention de la loi, comment la trouver, comment la démêler à travers cet amas confus de textes divers? M. Dalloz emploie, mais dans un autre sens, les argumens déjà mis en jeu par les créateurs du système précédent.

« Ainsi, dit-il, l'art. 3 du Code d'instruction suspend l'exercice de l'action civile jusqu'au prononcé sur l'action publique. Or, pourquoi cette suspension si le criminel est sans influence sur le civil? Evidemment, on a eu en vue d'empêcher que ce qu'un tribunal a jugé vrai ne puisse être jugé faux par un autre tribunal. Ce motif aurait amené une disposition semblable pour l'influence du civil sur le criminel, mais on a senti que l'action publique ne pourrait, sans danger pour la société, être subordonnée à l'action civile.

« Comme on le sait, l'influence du civil sur le criminel est admise dans deux cas, et il importe de remarquer que ce n'est pas par application des principes de la chose jugée, puisqu'il n'y a identité ni d'objets ni de personnes ; mais plutôt en vertu de la suspension que prononce la loi. Ainsi les jugemens criminels doivent influer, *en général,* sur l'action civile, de la même manière que les jugemens civils sur l'action criminelle. Arguant de l'article 463 du Code d'inst. crim. , comment un acte bâtonné servirait-il de fondement à une action civile ? »

Ainsi parle Dalloz.

Ce langage respire un air de candeur et de vérité qui séduit : la simplicité et l'unité qui règnent dans ce raisonnement entraînent et subjugent ; aussi l'adopté - je en grande partie ; et que l'on ne s'en étonne pas. Oui, j'admets, avec M. Dalloz, que les jugemens criminels doivent, *mais dans certains cas seulement* (et non pas *en général*) influer sur l'action civile, de la même manière que les jugemens civils sur l'action publique. Je suis donc en dissidence avec lui sur ce point, que l'influence du criminel ne sera pas la règle générale, mais l'exception ; de la même manière que le jugement civil ne préjudicie à l'action pénale que dans les cas formellement réservés par la loi et la nature des choses.

Je pars de cette idée que l'art. 1351 pose la règle, et qu'il ne faut s'en écarter qu'autant que la loi le commande. Nous raisonnons évidemment sur une matière tout exceptionnelle ; il ne faut donc pas étendre, mais restreindre.

Le principe doit être qu'il n'y a pas chose jugée : partant de là, voyons comment on établit qu'il y a dérogation à ce principe.

Remarquons d'abord que, si l'exception ne doit pas être nettement formulée, il faut au moins qu'il n'y ait qu'infiniment peu de doutes; je ne dois m'éloigner du point principal qu'autant que j'ai de bonnes raisons pour le faire. Avec cet esprit de prévention nécessaire quand on raisonne dans une matière d'exception, pesons sévèrement les deux preuves et les seules qu'on apporte de la prétendue volonté de la loi.

On dit en premier lieu :

« L'article 3 du Code d'instruction criminelle suspend l'exercice de l'action civile jusqu'au prononcé sur l'action publique. Or, pourquoi cette suspension si le criminel est sans influence au civil ? »

Si l'auteur recommandable qui donne tant d'importance et d'étendue à la disposition de l'article 3 n'avait pas cru trouver un point d'appui dans l'article 463, certes il n'eût jamais pensé à faire découler l'influence du criminel sur le civil de ce fait unique que celle-ci est tenue en suspens par l'autre. L'explication de l'article 3 eût été plus simple et plus naturelle. Mais si nous démontrons que cet article 463, loin de fournir un argument contre nous, ne fait que consolider de plus en plus notre système, nous le demandons, que deviendra l'importance outrée de l'article 3 ?

Pour ne pas mettre de confusion, je réponds d'abord à l'idée première de Dalloz, en la considérant comme dépourvue de l'article 463, sauf ensuite à apporter la preuve de ce dernier point.

Il faut bien se persuader que la loi n'a pas seulement en vue, dans ses dispositions, le réglement pratique, mais aussi le réglement philosophique de l'exercice du droit positif. Elle a soin que les principes qu'elle décrète reçoivent une exécution juste et précise, et se munit des précautions nécessaires pour l'assurer. Aussi, prenant les hommes tels qu'ils sont, et puisant la raison de ses maximes dans le livre de la nature, sans supposer à l'espèce humaine plus de perfection qu'elle n'en a dans la réalité, pénétrée surtout de la nécessité malheureuse d'une répression sévère et libre des crimes qui désolent la société, elle veut que la décision sur le crime précède la décision sur la demande civile.

Que cette disposition est sage et profonde, surtout si on la considère relativement à l'institution du jury! Si les cours criminelles avaient subsisté, il aurait fallu, peut-être, consacrer un principe contraire, afin d'éviter l'esprit criminaliste qui les animait. Mais à présent que le jury a des tendances en sens inverse, c'est une idée philosophico-législative de l'ordre le plus élevé, que celle qui a fait écrire l'article 3 à nos législateurs.

Consultons, en effet, ces cours d'assises, ces tribunaux du peuple où l'on est jugé par ses pairs ; identifions-nous avec les jurés, pour la plupart hommes illétrés et peu faits pour l'intelligence saine et raisonnée de questions ardues et embrouillées, et chez lesquels la loi n'a voulu interroger que le cœur et la conscience, et jamais l'esprit! Comprendrez-vous l'effet que va produire sur eux la lecture de la décision déjà rendue par le tribunal civil!...... Ils ne saisiront point les principes étroits de l'autorité de la chose jugée ; et s'inquiétant fort peu du point de savoir s'il y a identité de parties ou d'objet, ils se demanderont comment on peut leur soumettre un point déjà décidé par un tribunal; l'accusé sera absous ou condamné, avant même qu'on l'ait interrogé, le jugement civil aura réglé le jugement criminel!!! Tels sont les hommes : et ce que j'en dis s'appliquerait même aux magistrats consommés dans l'art de juger, réflexion qui, je le dis d'avance, ne sera pas une réponse d'un faible poids à faire à ceux qui craignent tant les jugemens contraires.

Les idées que je viens de présenter sont-elles parfaitement justes? J'en ai l'intime conviction. Ce n'est point une chimère, c'est un mal réel auquel la loi a voulu parer. Elle a voulu que l'accusé se présentât pur de toute condamnation devant le tribunal de la société. Celle-ci doit être noble et franche dans la poursuite qu'elle intente contre un de ses membres; son accusation doit être pleine de loyauté : la condamnation ou l'acquittement qu'elle prononce ne doivent point lui être arrachés ou surpris (1).

Ce but est plus sérieux qu'il ne le paraîtra à certains esprits qui ne comprennent que le préjugé légal, et non le préjugé moral que la loi a voulu éviter. Et comment pourrions-nous nous entendre? Moi, je vois dans la loi la crainte que le jugement civil ne fasse une impression sur l'esprit des jurés appelés à statuer sur le crime. Eux, au contraire, y trouvent la volonté d'établir un préjugé réel du jugement criminel sur le jugement civil.

Mais j'oppose à cette interprétation la raison, la justice et les principes généraux auxquels, dans le doute, je ne dois faire aucune dérogation. Ils combattent tout cela aussi avec la raison et la morale, et principalement avec l'article 463.

La raison, la justice et la morale trouveront leur part dans tout ceci ; nous verrons en faveur de qui elles militent.

---

(1) Cette interprétation fait évanouir tout caractère de préjudicialité de l'action criminelle.

Epuisons d'abord les textes qu'on nous présente, et quand nous aurons réduit l'ennemi à se tenir sur la défensive, nous aussi, nous frapperons.

Ceux qui argumentent de l'article 463, s'en servent avec une timidité inexplicable (non pas pour moi); à peine osent-ils en parler; et quand ils le citent, un mot reste constamment au bout de leur plume. Ce mot, je le conçois, est leur côté faible; ils ne peuvent lui donner un sens qui ne leur soit défavorable.

Pour moi, cet article 463 est le complément et la preuve de cette idée que j'ai puisée dans Dalloz, en la modifiant, à savoir : Que, *dans certains cas,* les jugemens criminels doivent influer sur l'action civile, de même que les jugemens civils sur l'action pénale.

Il y a réciprocité entre les deux juridictions, en faveur desquelles la loi, sage dispensatrice, a distribué des attributions alliées à leur caractère particulier. Tout ce qui est contestation privée est exclusivement dévolu aux tribunaux civils, à moins que les parties ne viennent, volontairement, soumettre *accessoirement* leurs différens aux tribunaux criminels. Tout ce qui sera crime public appartiendra aux cours d'assises qui feront loi, quant à ce chef, pour les tribunaux civils; de même que ceux-ci leur imposeront les décisions qu'ils auront rendues dans la sphère exclusive de leur juridiction.

Faisons sentir de suite cette scission, afin d'éclairer ma pensée.

Au criminel, on juge qu'un acte de l'état civil, ou qu'une obligation notariée, est entaché de faux; l'acte est lacéré, anéanti sur l'ordre du tribunal. Il n'existe plus aux yeux mêmes des tribunaux civils; mais rien n'empêchera pourtant que devant ces derniers je ne vienne réclamer mon état tel qu'il était même constaté par l'acte reconnu faux, ou l'exécution d'un contrat de vente dont l'acte a été lacéré. Toutes ces questions sont indépendantes de l'existence d'un écrit. Restera la difficulté de la preuve ; mais cela ne nous regarde pas, nous ne nous occupons que du droit. Il y a donc eu jugement sur le crime, en tant que l'acte public a été détruit, mais les intérêts privés restent intacts.

C'est en vue de cette indépendance réciproque, et sans craindre de la violer, que l'on a créé la disposition législative qui se trouve dans l'article 463, lequel commence par ces mots : « Lorsque des actes *authentiques* auront été reconnus faux en tout ou en partie, etc. »

Cette expression *authentique* est-elle l'effet du hasard, d'un *lapsus calami ?*

Une pareille prétention serait dérisoire. Or, je demande si, en face de l'article 463, un tribunal criminel ou correctionnel pourrait ordonner la lacération d'un titre sous seing privé qui serait ma propriété ?

La loi ne l'a pas voulu ; parce qu'alors le tribunal répressif aurait empiété sur la juridiction propre aux discussions des intérêts privés.

On conçoit la distinction que j'établis : l'acte authentique est-il jugé faux ? Il est tel pour tout le monde, et même pour les particuliers ; sans préjudice néanmoins du droit qu'ont ceux-ci d'établir d'une autre manière les droits qui résulteraient de cet acte.

Au contraire, s'il s'agit d'un acte privé, alors, non-seulement la décision criminelle ne m'empêchera pas de réclamer l'exécution de l'obligation consignée dans l'écrit incriminé, mais je pourrai même conserver intact cet écrit comme étant ma propriété privée.

« On m'opposera qu'un acte notarié est tout autant ma propriété, et que pourtant la loi permet de le lacérer, s'il est jugé faux ; que, d'ailleurs, mon argument tombe devant le Code de procédure civile qui ne fait aucune distinction, et qu'enfin il n'y aurait pas de bonne raison de la faire. » Je suppose toutes ces objections, car il n'est pas à ma connaissance que la discussion se soit élevée sur ce point.

Quant à ce qui concerne le Code de procédure, je n'ai qu'un mot à répondre : Le Code d'instruction criminelle est de beaucoup postérieur à celui de procédure civile ; il est, d'ailleurs, le siége de la matière ; et, dans tous les cas, il faut bien donner une explication de l'article 463. Or, je pose en fait qu'il est impossible de donner une raison autre que celle que je présente du langage privatif de cet article, qui, ne parlant que des actes authentiques, exclut nécessairement les actes privés.

Je ne pense pas qu'on irait jusqu'à dire que la loi a seulement voulu trancher le cas douteux. Certes, s'il est dangereux que des actes faux circulent dans la société, l'ordre public est plus intéressé à la destruction des actes authentiques entachés de ce vice qu'à celle des actes privés.

L'idée naturelle et première est donc que la loi a voulu, non pas vider l'espèce où il y aurait pu avoir doute, mais bien au contraire établir une distinction très-juste et qui est dans la nature des choses ; de telle sorte que de 463, il ne faudra pas raisonner *à fortiori* pour les actes privés, mais *e contrario*.

La raison de cette disposition, en parfaite harmonie avec le système que j'adopte, se trouve dans la différence in-

commensurable qui distingue les effets de l'acte authentique de ceux de l'acte privé.

Je comprends, en effet, la législation qui, autorisant les
actes authentiques, avec leurs effets prompts et dangereux, veut en même temps leur assurer une valeur réelle.

L'existence d'un acte authentique rend toute la société
demanderesse à l'égard de celui qui en est muni. Cet acte
ne peut plus simplement être dénié, il faut lui faire son
procès. Celui qui le possède s'abrite derrière son autorité
et attend, sans combattre, qu'on ait détruit le rempart qui
le protége, car toutes les présomptions sont en sa faveur.

Et quand on réfléchit surtout qu'avec certains actes de
cette nature, ceux revêtus de la formule exécutoire, on
peut venir jeter le trouble et la honte chez les citoyens,
que la force publique elle-même doit se soumettre à l'ordre
solennel qu'ils contiennent, on se rend compte de la disposition prudente et sage de l'article 463.

Ces actes émanent de l'autorité publique, par le ministère des officiers qu'elle institue; celle-ci doit donc être
apte à distinguer ceux qu'elle a créés, et à imprimer le
sceau de la réprobation sur ceux qui sont faussement dé-
guisés sous les formes qu'elle y a attachées. Ils constituent
une propriété publique. C'est, si j'ose m'exprimer ainsi,
une espèce de monnaie judiciaire ayant cours forcé.

Mais de quel droit viendrait-on me dépouiller d'un titre
sous seing privé, ma propriété exclusive? De quel danger
est-il pour la société? En quoi compromet-il si gravement
les intérêts de la masse? Ceux à qui je l'opposerai le nie-
ront, et sur moi tombera la charge de la preuve.

Lors donc que je vois une distinction établie par la loi,
basée sur des motifs d'une vérité et d'une évidence qui

frapperaient les esprits les moins exercés , je l'adopte avec
bonheur, car elle satisfait mon intelligence. Elle crée ce que
j'aurais voulu créer moi-même, ce que réclament l'ordre
et la paix publics.

De quelle conviction ne serai-je pas encore animé, quand,
au lieu de chercher une bonne raison d'un mot important
qu'a employé la loi , on le passe perfidement sous silence,
sans même le faire remarquer. S'il est inutile, selon vous ,
que la loi ne vous imitait-elle et ne gardait-elle aussi un silence infiniment plus naturel et plus simple que l'addition
superflue d'un mot sans portée ! ! Je me refuse à prêter ce
ridicule à notre législation ; je l'admire trop, surtout dans
cette disposition de l'article 463, dont j'ai le bonheur d'a-
percevoir le sens véritable et l'intention profonde, sans pouvoir justement m'écrier, dans ce cas, avec Bentham : « Que
de raisons pour aimer les lois, malgré leurs imperfections ! »
puisque je n'y trouve qu'harmonie , justice et vérité.

Je ne crois pas que l'on puisse taxer de subtile et de ridicule la distinction que je soumets à l'examen d'arbitres
éminemment compétens. Elle est dans la nature des choses et je la retrouve dans la loi.

Remarquons bien que la concession que je fais, je la base,
non pas sur les principes, mais sur la volonté expresse de
la loi : car la réciprocité qui paraît exister par ce moyen,
entre les deux juridictions, est loin d'être égale et complète.

La question d'état fait foi pour le tribunal criminel,
quand elle a été décidée par le tribunal civil ; mais ce n'est
pas tout jugement civil rendu sur cette question qui aura
cet effet ; ce sera et ce ne peut être que le jugement rendu
sur le sursis ordonné par le tribunal criminel, car il faut
toujours que le jugement ait été rendu contradictoirement

avec l'accusé pour qu'il puisse avoir un effet sur l'action criminelle intentée contre lui. Cela me paraît évident; et, en effet, s'il y avait eu plusieurs jugemens opposés rendus sur cette question, lequel prendrait-on?... Tandis que l'arrêt de la cour d'assises qui juge qu'un acte authentique est entaché de faux a autorité de chose jugée, quant à la valeur intrinsèque de l'acte, même pour la juridiction civile, envers et contre tous.

On voit que ces différens effets ne sont point coordonnés et qu'ils ne peuvent l'être, en raison de la différence des matières. J'attache au jugement intervenu sur la question de faux en écriture authentique la puissance que M. Toullier prétendait devoir résulter des jugemens sur les questions dites *liberali causa*; mais je base ce principe sur un texte formel, et qui, par sa nature tout exceptionnelle, s'oppose à ce qu'on en puisse tirer un argument en faveur de l'influence générale du criminel sur le civil. Cette disposition est justifiée par des raisons tout-à-fait spéciales, qui ne trouveraient plus leur place sur un autre point (1).

IV.

J'ai fait tous mes efforts pour saper, jusque dans ses fondemens, le système que je viens d'exposer en troisième lieu. Si j'ai pu réussir à faire naître seulement quelques

(1) M. Dalloz, en argumentant de l'article 463, n'a pas fait attention qu'il compromettait singulièrement le sort de la question qu'il pose plus bas, savoir si la chose jugée au criminel a effet *même contre les tiers qui n'auraient point pu se porter parties au procès*? Il décide que non. Mais alors que fait-il de 463? L'acte bâtonné, rayé, peut-il plus servir à un tiers qu'aux parties intéressées! Son argument tombe donc à faux (Voyez *infra* l'examen de cette question).

doutes sur sa justesse, j'aurai presque gagné ma cause, car dans l'incertitude, ainsi que le proclament M. Dalloz et les principes, il faut se soumettre à la règle générale, suivant laquelle l'autorité de la chose jugée est subordonnée aux conditions strictes de l'article 1351, Code civil.

Avoir détruit, c'est donc presque avoir édifié.

Pourtant je puis, ce me semble, apporter un texte qui témoignera de l'esprit de notre législation, et qui expliquera, jusqu'à un certain point, l'idée que se faisaient nos législateurs des tribunaux criminels, tels qu'ils les instituaient.

Un point important, sur lequel on avait déjà varié, devait être fixé.

Le Code de brumaire an iv tranchait la question dans un sens; notre Code actuel la modifie; que doit-on conclure de cette modification? C'est ce qu'une réflexion bien simple nous apprendra.

Je veux parler du point de savoir quelle devait être la question à faire aux jurés; quelle espèce de décision la loi pouvait exiger d'eux; sur quel chef devait porter leur arrêt?

Voici comment la loi a prononcé :

L'article 337 du Code d'instruction criminelle porte impérativement : « La question résultant de l'acte d'accusation sera posée en ces termes : « L'accusé est-il coupable d'a- « voir commis tel meurtre, tel vol, ou tel autre crime, etc.»

Que la violation de cet article emporte ou non nullité, cette question m'importe peu. Ce que je veux examiner ici, c'est la volonté, l'esprit de la loi, c'est l'expression claire et évidente de son intention. Ainsi que je l'ai déjà dit, elle a voulu consulter le cœur et la conscience des jurés; elle leur fait une question complexe, ambiguë, et ne pouvant nullement instruire du motif réel qui a dicté leur décision, du moins quand ils donnent une réponse négative.

Ce qui n'est le sujet d'aucune discussion, même de la part de nos contradicteurs, c'est que, si le jury a simplement répondu : Non, l'accusé n'est point coupable, il est avéré que rien n'est décidé pour l'action civile, par la raison que l'on ne sait point si les jurés ont voulu dire que le fait n'a pas existé, ou qu'il ne constitue pas un crime, ou s'ils ont excusé l'intention.

C'est un mystère qu'il n'est pas permis de pénétrer.

Qu'en résultera-t-il? C'est que si l'on se conforme au vœu de la loi, ce qu'il sera bon de faire, bien qu'il n'y ait pas nullité, puisque, si la loi a parlé d'une manière impérative, il faut au moins prendre cette disposition pour un désir bien prononcé; si, dis-je, le président, obtempérant à la disposition de l'article 337, pose la question ainsi : L'accusé est-il coupable de....? toutes les fois que le jury aura prononcé un verdict d'acquittement, en faisant une réponse négative, il y aura impossibilité avouée à ce qu'il y ait autorité de chose jugée du criminel sur le civil.

Qu'aurait donc consacré la loi dans l'opinion adverse, sinon une injustice révoltante et tout opposée à l'esprit général de ses dispositions? Elle aurait dit à l'accusé : « Si tu es acquitté, tu ne pourras point opposer le jugement qui te renvoie des poursuites criminelles à ceux qui t'attaqueront à fins civiles; mais toute la société pourra, au contraire, s'armer contre toi du jugement qui te déclare coupable; et cela afin de ne pas donner un soufflet injurieux à ceux qui t'ont condamné. Ce serait un scandale. Il vaut mieux que tu souffres; l'intérêt public et la morale l'exigent!! »

J'ai donné la raison de la conséquence, en même temps que la conséquence elle-même, parce qu'elles se valent.

La conséquence est forcée : on ne peut la nier; d'ailleurs, on me la concède; et c'est le système qui conduit là qui fait le plus de bruit des raisons de haute morale, d'intérêt public !! Je me demande comment la loi, si soucieuse des intérêts de l'accusé, si empressée d'accueillir tous les moyens de lui être favorable, qui lui donne le dernier mot dans les débats, peut changer subitement et sans raison l'esprit charitable qui l'anime pour détruire une réciprocité que réclament la raison et la justice! Et si l'on ne peut supposer une pareille contradiction dans la loi, ne faut-il pas en conclure que ce qu'elle a voulu décider pour un cas, elle l'a voulu pareillement et surtout pour l'autre : que si dans son esprit la décision du jury ne doit nullement influer sur l'action civile, quand il y a acquittement, il doit en être de même, et à plus forte raison, quand il y a eu condamnation.

La volonté de la loi de faire une exception ne m'étant donc point démontrée, j'obéis à l'indice d'une volonté tout opposée : et je verrai cette intention contraire dans toutes les dispositions où la loi ordonne le sursis. Loin d'y trouver l'influence forcée du criminel sur le civil, je n'y remarquerai que l'indépendance étudiée entre les deux ordres de juridiction. Avec cette interprétation, née de la combinaison des articles 3 et 337, que de textes je pourrais citer en ma faveur! Le Code civil, le Code de commerce lui-même, les Codes particuliers, tous viennent témoigner de cette indépendance mutuelle entre la juridiction civile et la juridiction criminelle dans les limites que j'y ai posées et que je répète ci-après.

4

Cet article 337, qui paraît être de pure forme, a donc une importance majeure à mes yeux. Le Code de brumaire an IV voulait que l'on posât la question de fait, puis ensuite la question d'intention. Le Code actuel veut que la question soumise aux jurés soit complexe, parce qu'ainsi que je le répète encore, ce n'est point à leur esprit que la loi s'adresse, mais à leur conscience.

Ce changement opéré dans la loi n'a-t-il eu aucun but ?

Qu'il ait eu celui d'empêcher l'influence du criminel sur le civil, c'est ce que je n'oserais affirmer ; mais ce qu'il y a de certain, c'est qu'il en découle une conséquence réelle et pratique que l'on ne saurait concilier avec l'opinion contraire à celle que je m'efforce de faire prévaloir. Il faut de l'harmonie et de l'unité dans les lois ; et le système que l'on m'oppose trancherait mal avec nos autres dispositions législatives. Il se trouve partagé par le milieu : ce n'est plus qu'une moitié de théorie : *claudicat systema !!*

Quelle uniformité au contraire dans la théorie que je propose ! Quel ensemble dans toute la législation ! Quand la loi, faisant fléchir avec prudence les principes rigoureux, viendra décider que le jugement civil doit influer sur la décision criminelle à intervenir, nous respecterons son ordre ; de même que si elle décrète que le jugement criminel, dans tel ou tel cas, emportera le civil, nous nous soumettrons à cette décision avec d'autant plus d'empressement que cette violation étudiée des principes stricts amènera toujours d'heureux résultats, et aura pour fondement principal le bien public.

Dans tout cela nous verrons, non pas des actions préjudicielles, dans le sens scholastique du mot, mais des exceptions modificatives des principes généraux ; et il s'agira de dérogation, soit au principe de l'identité des parties, soit à celui de l'identité de cause, etc., etc. Mais il faudra alors un texte précis. La loi résiste aux théories absolues et ne suit point toujours un principe unique, même dans l'exception : elle fléchit avec les circonstances et la nature des choses ; et les modifications qu'elle apporte sont loin d'être régies par une règle uniforme. Abandonnons donc cette qualification d'actions préjudicielles qui n'explique rien et jette la confusion dans les esprits. Cette expression n'est employée qu'une seule fois dans nos Codes (Forestier, c., art. 182), et ne doit point servir à donner la solution des questions difficiles de la matière de la chose jugée.

Soyons esclaves de la volonté bien démontrée de la loi, sans chercher à donner un nom générique à tous les caprices raisonnés et étudiés de notre législation. La loi ne se soumet point, dans ses décisions, à la qualité attribuée à telle action par les jurisconsultes ; ce n'est point pour lui conserver la qualification et les caractères de préjudicielle qu'elle consacre telle ou telle disposition ; mais parce que cela lui paraît juste et nécessaire.

Voilà la règle qui me semble devoir guider dans l'explication des lois.

Assez de fois des théories excentriques et absolues ont amené le trouble et la confusion parmi les auteurs. Que leurs erreurs nous servent au moins de leçon pour l'avenir !

On s'écrie que l'intérêt général doit l'emporter sur l'intérêt privé ! Je me range à cette opinion, et j'applaudis à toutes les dispositions de la loi conçues dans ce sens. Ainsi, j'approuve hautement la loi qui ne permet pas qu'un homme puisse être deux fois accusé du même fait ; qui,

mettant de côté les petites vengeances privées, a créé un
accusateur chargé de conserver l'ordre et la paix dans notre grande famille.... Mais je ne vois nullement quel trouble social, quel grand désordre pourront résulter du fait
que l'on jugera de nouveau au civil, ce qui a déjà été l'objet de poursuites criminelles. Est-ce la possibilité de jugemens contraires qui cause ces terreurs? Malheureusement
tel est le sort de l'humanité : et cette faiblesse, qui nous
est propre, enfante au civil le grave inconvénient que l'on
signale ici.

Je l'ai dit d'avance, chaque opinion a ses résultats fâ-
cheux ; mais à supposer que ni l'une ni l'autre ne fussent
basées en droit, et qu'il fallût se décider d'après les conséquences seules, j'embrasserais encore avec ardeur la cause
que je défends.

Ne nous le dissimulons pas, l'homme doit faillir, *errare
humanum est :* l'exemple d'une erreur ne peut donc pas
jeter une tache bien ignominieuse sur le corps de magistrats qui a pu se tromper. Ensuite, le discrédit qui pourrait
en résulter, selon moi, ne doit pas être mis en balance avec
l'aggravation de la position de l'innocent condamné. Ce
sera une leçon pour les juges et les jurés d'être plus pru-
dens et plus circonspects.

D'ailleurs, s'il est une chose vraie en pratique, c'est qu'il
ne se trouvera peut-être pas d'exemple où, sur une demande en dommages-intérêts, v. g., pour meurtre, le condamné à mort pourra établir aux yeux du tribunal civil la
preuve de son innocence : ou bien il faudra que cette innocence soit bien prouvée, bien démontrée; et alors, il faut
l'avouer, ce sera un bonheur que le tribunal civil ait pu se
décider d'après ce qui lui aura été prouvé à lui personnel-

lement. L'arrêt de condamnation apporte une grande présomption (*grande præjudicium,* dit la loi romaine) (1) contre le défendeur : si celui-ci parvient à prouver l'erreur fatale qui l'a fait condamner, il sera bon pour la justice et l'équité que cette erreur n'entraîne pas une nouvelle peine avec elle ; parce que, encore une fois, la morale et la raison s'inquiètent fort peu du démenti donné à la prétendue infaillibilité des tribunaux criminels. Mesurerez-vous donc le respect dû à la justice humaine avec les angoisses de l'innocent condamné ! Ne le privons pas injustement du moyen extrême que doit lui fournir une juste réciprocité, et que, par-là, il soit à même de se montrer digne d'implorer la clémence de la royauté toujours prête à user noblement du plus beau de ses attributs.

N'allez pas croire, du reste, que je veuille justifier par ces considérations le système que je prétends proclamé par la loi, qu'il n'y a aucune influence du criminel sur le civil ; car elles prouveraient trop, si elles prouvaient quelque chose.

Aussi, tout ce que je viens de dire ne doit-il être considéré que comme une réponse aux moyens tirés par mes adversaires de la conservation de l'intérêt public et du respect dû à la justice.

J'essaie de démontrer le vice de ces raisons, soit en prouvant que l'intérêt public est sauf et intact, soit en faisant remarquer que le respect dû à la chose jugée, et qui faillit

---

(1) Les juges peuvent se décider comme ils le veulent, et baser leur conviction sur telles ou telles preuves ; déclarer que les faits sont ou non prouvés, *même par appréciation du jugement criminel combiné avec les circonstances.* Mais voilà tout l'effet du jugement criminel (C. c., arrêt du 29 novembre 1828 ; Sirey 30, 1. 71).

déjà au civil, va de même être mis de côté au criminel, par suite de la théorie de mes adversaires.

En effet, une objection va surgir de la solution donnée par les principaux chefs de la théorie contre laquelle je viens de lutter si péniblement, MM. Merlin (1) et Dalloz, à la question de savoir si la chose jugée au criminel a auto· rité contre les tiers qui n'étaient point intéressés en premier ordre, et ne pouvaient pas se porter parties civiles.

Ils professent la négative : soit dit en passant, que je ne comprends guères les distinctions qu'ils peuvent mettre entre les tiers :

Avoir dû être partie et ne l'avoir pas été, est donc un fait duquel il va résulter qu'il y a chose jugée à votre égard ; tandis que, si l'on n'a pas dû être partie, rien ne sera jugé contre vous. Ce sont de ces distinctions amenées à la suite des théories qui ne sont point basées sur la loi : ne reposant elles-mêmes sur aucun principe, sur aucun texte, elles ne méritent aucune foi.

Quoi qu'il en soit, de cette solution va naître la réfutation de la raison qu'apportent de leur théorie MM. Dalloz et Merlin, par le manque de justesse de cette raison.

Ils veulent éviter les jugemens contraires, et par là le discrédit qui en rejaillirait sur les tribunaux. Eh ! mais, si la chose jugée au criminel n'a aucune autorité contre les tiers proprement dits, voilà vos contrariétés de jugemens qui vont s'élever ! Quel moyen employer pour obvier à ce désordre public, à ce bouleversement universel, que vous entrevoyez à la suite des conséquences qui vous effraient tant ! ! !

_____

(1) M. Merlin s'est rétracté postérieurement sur ce point.

Il ne faut point se roidir contre la destinée de l'homme. L'humanité ne saurait éviter l'erreur : tous les efforts que l'on peut tenter à cet égard sont vains et superflus ; et si l'on ne peut empêcher le mal, ne vaut-il pas mieux chercher à en adoucir les résultats, que poser une règle fixe et inflexible qui n'est point en rapport avec les élémens de la raison humaine? J'abandonne, du reste, tous ces raisonnemens aux philosophes : seulement, j'ai dû, tout en édifiant sur la loi même la théorie que je présente, en faire sentir toute l'économie, en même temps que la justesse.

Les inconvéniens que l'on me signale comme devant résulter de mon système, sont donc pour moi des raisons de plus d'y persévérer.

Ces monstruosités, cette *épouvantable* théorie, n'offrent rien de bien effrayant à l'esprit. De lugubres images (1) ne viennent point en assombrir l'application! Ces horribles résultats s'évanouissent promptement devant la froide raison, et devant l'examen simple et bien calculé de toutes les conséquences de l'opinion que je défends.

Si nous jetons un coup-d'œil sur les résultats du système qui m'est opposé, les inconvéniens qui en découleront ne seront point des êtres créés à plaisir, mais des exemples continuels de violation des intérêts privés. La monstruosité ne paraîtra pas toucher aux grandes choses comme celle qu'on nous prête, mais elle fera le mal en petit ; elle se fera sentir à chaque instant, surtout dans les procès en faux, où, la personne étant mise en jeu, les jurés seront infiniment moins indépendans que ne le seraient des juges

(1) Voy. les réquisitoires de M. Mourre (C. de cassat.)

appelés à statuer seulement sur la valeur de la pièce en elle-même.

Je ne parlerai point des distinctions embarrassées , des interprétations plus ou moins équivoques, que l'on devra chercher des décisions données au criminel, afin de savoir si, dans tel ou tel cas, il y aura ou non chose jugée. Les débats élevés à ce sujet, par mes adversaires entre eux, prouvent assez dans quel chaos ils se sont précipités, faute d'un guide sûr.

Comment coordonner , d'ailleurs , cette doctrine, soit avec la faculté accordée, en certains cas, de poursuivre et condamner, s'il y a lieu, un autre individu comme coupable du fait qui a motivé la condamnation de celui qu'on a traduit devant le tribunal civil, quoique cette nouvelle condamnation ne puisse se concilier avec l'autre ; soit avec le droit de révision, qui résulte, dans les cas déterminés, en faveur du condamné, des dispositions de notre Code criminel ?...

Voilà en présence de quelles difficultés conduit cette doctrine, qui ne repose nullement sur la crainte de violer le texte ou l'esprit de la loi , mais seulement sur cette idée constamment répétée, que c'est une *épouvantable* théorie que de faire rejuger au civil ce qui a été jugé au criminel.

Avec une pareille maxime, on s'étourdit soi-même et on étourdit les autres ; mais on n'explique rien.

L'idée que j'émets est-elle donc si nouvelle? Est-ce une révolution à faire dans la science du droit ? Non certainement. S'il y a un système novateur, ce n'est pas le mien.

Nos maîtres en cette matière, les jurisconsultes romains, l'adoptaient déjà, sous d'autres formes il est vrai : mais enfin le principe fondamental était consacré par eux.

A Rome les sentences étaient ordinairement exécutées sur-le-champ, de sorte que, pour le cas de condamnation, les monumens sont rares quant au point de savoir s'il y avait chose jugée du criminel sur le civil. (Remarquons qu'il faut entendre par action civile opposée à l'action criminelle, la poursuite particulière).

Quoi qu'il en soit, des textes précis viennent nous apprendre quel était l'effet du jugement rendu avec l'accusateur public, qui avait, du reste, un certain rapport avec notre ministère public, bien que l'analogie soit incomplète.

La loi 7, § 2, *ff., de Accusat.*, précise l'effet des jugemens criminels : (1) « *Iisdem criminibus quibus, quis liberatus est, non debet præses pati eumdem accusari.* » — Et la loi 9, Code, *eod. tit.*, repoduit le même principe : « *Qui de crimine publico in accusationem deductus est, ab alio super eodem crimine deferri non potest.* »

Mais il ne faut pas prendre ces textes isolés de ceux qui les expliquent et les modifient : ils proclament cette maxime sage et vraie, *Non bis in idem*; et décident que deux accusations publiques ne peuvent avoir lieu contre le même individu pour le même fait.

Le citoyen, accusateur public, avait-il donc représenté toute la société? Je le crois. Mais avait-il représenté tous les intérêts? C'est ce qu'il est impossible d'admettre en présence des textes suivans.

Ainsi la loi 3 au Code, lib. VII, tit. LVI, *Quibus res judicata non nocet*, est ainsi conçu : « *Juris manifestissimi*

---

(1) Après de nombreuses modifications ils furent prononcés par des jurés, à chacun desquels on remettait trois bulletins, portant les initiales A (*absolvo*), C (*condemno*), N (*non liquet*).

Le préteur faisait le dépouillement et prononçait la sentence.

est, et in accusationibus his, qui congressi in judicio non sunt, officere non posse, si quid forte præjudicii videatur oblatum. » — On voit donc que, même dans les accusations publiques, le préjugé qui paraissait en résulter ne pouvait servir ni nuire à ceux qui n'avaient point été parties au procès (*qui in judicio congressi non sunt*). — *Si quid forte præjudicii...?* De quel préjugé la loi entend-elle parler? Son langage expressif fait comprendre qu'il s'agit d'un préjugé sur les intérêts particuliers : *Si quid forte præjudicii videatur oblatum....* — Et comment cette loi est-elle entendue par le vénérable commentateur des lois romaines? Voici comment il la paraphrase : « *Id est : Etiam in criminibus, ea, quæ inter alios judicata sunt, aliis non officiunt.* »

D'ailleurs, tout s'expliquera, si on lit la loi 16 au Code, *de his qui accusare non possunt,* lib. 9, tit. 1, « .... *accusationem tertiam.... non permitti, nisi suas suorumque injurias persequatur...* »

Enfin, citerai-je la loi si précise et si formelle, loi unique au Code, *quando civilis actio criminali præjudicet,* se terminant ainsi : « *Sive prius criminalis, sive civilis actio moveatur : nec si civiliter fuerit actum criminalem posse consumi; et similiter e contrario* (1). »

Je n'ai point cité tous ces textes pour chercher à établir un principe que je ne crois pas contestable en droit romain; mais seulement pour appuyer sur cette législation, comme raison écrite, la distinction profonde que j'ai mise

---

(1) La disposition de l'article 3, Inst. crim., a été empruntée au Droit romain (Lois 3 et 4, Code, *de ordine judic.*), qui l'admettait comme règle générale, et qui pourtant, comme on le voit, ne décidait point que le criminel emportât le civil.

entre l'intérêt général et l'intérêt privé, quant à la poursuite des crimes.

Le Droit romain admettait, comme chez nous, que l'accusation publique était épuisée par un seul procès : mais chaque intéressé (*tertiam*) pouvait poursuivre à son tour et pour le même fait, soit en son nom, soit au nom des siens, celui là même qui peut-être avait été acquitté sur l'accusation publique.

Nous pouvons donc invoquer le témoignage de nos maîtres ; pouvons-nous de même appeler à notre aide celui de nos pères ?

La question, comme on le sait, ne pouvait s'élever dans notre ancienne jurisprudence, où, comme le dit M. Carnot (1), *les parlemens avaient toute latitude de juridiction tant sur les personnes que sur les choses* (2). Pourtant je

_____

(1) Je trouve une opinion assez singulière dans M. Carnot (tom. 1, p. 101); il dit : « ... Il n'y a pas chose jugée sur les demandes en restitution et dommages-intérêts, lorsque le tribunal, qui a d'abord été saisi, a prononcé l'acquittement de l'accusé, *avec renvoi des parties à procéder à fins civiles : s'il n'avait pas été fait réserve de l'action civile*, il y aurait chose irrévocablement jugée, même quant aux intérêts civils !!! » J'avoue que je ne saurais comprendre l'*effet légal* que peut avoir une réserve. Le tribunal peut-il donc créer un droit, une action !!! Une réserve peut être une manifestation d'intention, une explication de volonté ; mais elle ne peut nullement conserver une action qui, dans le système de Carnot, est éteinte par la chose jugée. — Une pareille doctrine eût été vraie sous l'empire des anciennes ordonnances (1670), où il y en avait une disposition formelle.

(2) Dans les temps plus reculés, toutes les actions civiles et pénales se réduisaient en faits, par le mode des combats judiciaires. Gondebaud, roi de Bourgogne (500), qui les favorisait, en donnait pour raison : «qu'il fallait que ses sujets ne fissent plus de sermens sur des faits absens, et ne se *parjurent* point sur des faits certains. » (Loi des Bourguignons, chap. XLV). On combattait donc sur les faits eux-mêmes. Le prévôt lui-même appelait au combat celui qu'il avait mandé et qui n'était pas venu, afin d'avoir raison de ce mépris ; coutume abolie par Louis-le-Gros. (Voy. Charte de Louis-le-

suis parvenu à trouver un arrêt qui peut donner une idée
de la solution qui aurait prévalu.

Cet arrêt, rendu en la première séance du Parlement de
Metz, le 31 août 1611, porte que : « Un jugement d'acquittement donné en la souveraineté de Genêve, pour un
meurtre commis par un Français sur la personne d'un
autre Français, n'exclut point le père de l'homicidé de
faire poursuite pour l'intérêt et la réparation civils. »
Arrêt semblable du même Parlement rendu le 15 septem-

Gros (1145), Recueil des ordonn.) — (Voy. dans Beaumanoir, chap. VI, et
Desfontaines (1283), les principes et les règles des combats judiciaires.)
Tout se réduisait alors à des condamnations pécuniaires appelées *composi-
tions*. Point de poursuite publique ; il n'y avait en jeu que l'intérêt privé et
la réparation de l'injure et du dommage causé. Pourtant sous Childebert,
on trouve une ordonnance à la date de 595, contenant plusieurs dispositions pénales contre l'homicide, auxquelles on ne pouvait se soustraire par
une compositon. Ces dispositions pénales prirent de l'extension, et atteigni-
rent différens crimes, jusqu'à ce que Saint-Louis les eût réunies dans les
Établissemens, Code à la fois civil et criminel.
    Plus tard, la figure primitive de l'affaire décida bien, quant à la compé-
tence, quel tribunal connaîtrait du procès élevé : mais il n'y avait pas alors
cette distinction toute moderne, œuvre d'une civilisation avancée, entre la
culpabilité et l'existence du fait. Le juge qui prononçait, sans motiver sa
sentence, jugeait tout en même temps et la personne et la chose. Les cours
souveraines et les tribunaux inférieurs exerçaient, dans le cercle de leurs
attributions respectives, la plénitude du pouvoir judiciaire, tant au criminel qu'au civil, en justifiant leur décision simplement par ces mots : *Pour
les faits résultant du procès*. Aussi la partie lésée devait demander les dommages-intérêts avant la sentence; sinon, *c'était chose terminée et finie*. —
(Voy. Imbert.—*Mornac ad leg.* 8, *ff.*, *de tribut. act.*) Chez nous, une disposition analogue est écrite dans l'article 359 du Code d'instr. crim.; mais il
faut l'entendre, sans préjudice du droit de demander des dommages-intérêts aux tribunaux civils, quand on ne s'est pas porté partie civile au procès
criminel.
    La formule *pour les faits résultant du procès* fut abolie par le décret des
4, 6, 7, 8 et 11 août 1789, art. 22. La distinction marquée qui sépare au-
jourd'hui le civil du criminel, prit naissance dans les lois de l'assemblée
constituante.

bre 1633, ce dernier rapporté par Fremin, en ses *Décisions du Parlement de Metz* (liv. 3, décis. 11 et dernière.)

Certes, cet arrêt est bien donné pour le cas le plus douteux ; pour celui où la discussion nouvelle portait sur l'existence matérielle du fait déjà jugé. Du reste, il ne faut pas croire que cette décision ait été dictée par ce principe , que les jugemens rendus à l'étranger n'avaient aucune autorité en France, car il y avait une exception formelle en faveur de la juridiction genevoise.

En effet, suivant lettres patentes du roi Henri IV, les Genevois étaient exempts de la caution *judicatum solvi*, et les jugemens rendus à Genève, même contre des Français, étaient exécutoires en France, sur un simple *pareatis*.

Cela est formellement reconnu par un arrêt du Parlement de Dijon rendu le 8 juillet 1697, rapporté par Perrier (*Arrêts notables du Parlement de Dijon.*) (1).

Les principes adoptés jusqu'à ce jour par les législations qui nous ont précédés, sont donc tout en notre faveur.

Résumons-nous en peu de mots. Nous n'avons eu qu'à nous défendre, ayant pour nous les principes généraux.

En droit strict, la théorie de Merlin et autres est fausse et erronée, soit qu'elle veuille s'appuyer de la non - violation de l'art. 1351, ou du caractère de préjudicialité attribué aux actions criminelles, ou enfin de la volonté de la loi, souveraine maîtresse des principes qu'elle peut modifier.

Quant aux considérations, qu'il me suffise de rappeler de

(1) Le même Perrier (tom 2, p. 310, n° 23), rapporte une décision assez remarquable. Elle porte en substance que : « Le criminel jugé par le juge laïc, et puni par lui, peut être tenu pour innocent par le juge d'Eglise ; et réciproquement : vu l'indépendance des deux juridictions. »

quel côté on a pu voir l'uniformité et l'harmonie conservées dans l'assemblage de nos lois.

Que l'on se reporte ensuite à l'examen des conséquences qui doivent résulter de l'adoption de l'un ou l'autre système ; et on jugera si celui qui est fondé en droit n'est pas aussi celui dont les résultats sont le moins désastreux, tant pour la société que pour les particuliers.

DE L'INFLUENCE DU CRIMINEL SUR LE CIVIL, QUANT A LA PRESCRIPTION.

L'influence du criminel sur le civil, quant à la prescription, présente peut-être des questions plus délicates et plus épineuses que celle qui vient d'être développée.

Cette influence peut se manifester sur quatre points principaux que nous traiterons successivement.

I.

Les articles 637, 638 et 640 du Code d'instruction sont-ils applicables même au cas où l'action criminelle et l'action civile sont intentées, chacune devant une juridiction différente?

II.

La poursuite criminelle interrompt-elle la prescription de l'action civile? Que devient cette action, après le jugement criminel rendu? A quelle prescription reste-t-elle soumise?

III.

Que doit-on entendre par action civile? Cette expression comprend-elle même l'action en restitution, en revendication?

IV.

Enfin, la prescription de l'action civile est-elle aussi d'ordre public, comme celle de l'action criminelle; et alors doit-elle être suppléée même d'office?

Il paraît extraordinaire que de pareilles difficultés puissent s'élever sur des textes que la loi semble s'être efforcée de rendre précis et formels, surtout quand ces mêmes difficultés ont déjà tourmenté nos anciens criminalistes et notre vieille jurisprudence.

Cette hésitation vient de ce que les esprits ne sont pas fixés, d'une manière certaine, sur le principe originaire qui doit fonder l'opinion à embrasser; de ce que la loi elle-même n'a peut-être pas suivi la route que lui traçaient la logique et la raison, s'attachant sans doute trop servilement au système que mirent au jour, après une laborieuse gestation, nos vénérables parlemens.

Il importe donc, pour éclairer la discussion, de jeter un coup-d'œil rapide sur les monumens divers que nous fournissent les vieux arrêts, et d'exposer très-sommairement ce à quoi se réduisait la question.

Le parlement de Dijon, souvent cité par les antiques célébrités judiciaires, eut à trancher la question de savoir si l'action civile et l'action criminelle seraient prescrites par le même laps de temps, 20 ans? Il se prononça pour l'af-

firmative par deux arrêts en date des 22 décembre 1583 ,
et 16 janvier 1666. (*V. Taisand, sur la coutume de Bourgogne. Tit.* 14, *note* 5).

Deux arrêts proclament le même principe, l'un du parlement de Paris, rendu le 6 juin 1561, et l'autre du parlement de Grenoble, du 18 mai 1607 ; ce dernier portant que
ce principe reçoit son application nonobstant la pupillarité
des enfans du *Meurtri* ; bien que par un arrêt du parlement de Paris, en 1563, on ait reçu les enfans pour l'intérêt civil après 20 ans ; mais le contraire a été définitive-
ment jugé le 27 juillet 1596 , par cette raison , dit Servin,
que l'action criminelle étant éteinte, celle de l'intérêt civil,
qui n'est qu'accessoire, l'est aussi.

Tout cela est confirmé par d'autres arrêts des 27 juillet
1596, et 8 février 1607, toujours basés sur le même motif.
(*M. le Prêtre, ès-arrêts célèbres du Parlement*).

L'article 288 de la Coutume de Bretagne déclarait également : « L'action de crime éteinte, tant pour l'intérêt
« public que civil, par 5 ans, prouvant l'accusé son bon
nom. »

Du reste, cette jurisprudence était nouvelle, car anté-
rieurement l'action pour intérêts civils n'était point limitée
à la durée de l'action criminelle, ainsi que l'attestent Pe-
leus en ses *Actes forenses* (*liv.* 5, *chap.* 6), et Charondas
en ses Réponses. (*Liv.* 6, *chap.* 87).

Cette idée de mettre sur la même ligne l'action civile et
l'action criminelle quant à leur durée, ne prit racine que
peu à peu dans l'esprit des parlemens, jusqu'à ce qu'en l'an
1600, le 22 janvier, dans un arrêt solennel, le président,
en tranchant la question, *avertit les avocats de ne plus
douter de cela* ; et que même on arriva à donner une solu-

tion identique pour ce qui concernait l'action en restitution des objets soustraits, *comme accessoire du crime.* Ainsi jugé par le parlement de Paris le 11 février 1604. Et voici les raisons qu'en donne Deispeisses (*tom.* ii, *p.* 679) :

« On a voulu que cet *intérêt civil* (1) fût prescrit comme « l'accusation du crime, parce que cet intérêt, n'étant qu'un « *accessoire* du crime, ne doit pas subsister après que le « principal est éteint (*L.* 176, *de div. reg. jur.*), et *il est* « *impossible de l'adjuger sans faire le procès au criminel*; « et si on le faisait, bien qu'on ne le voulût pas punir en « son corps, néanmoins il serait rendu infâme, puisque ce « n'est pas la peine qui rend infâme, mais la cause pour « laquelle elle est infligée. « *Ictus fustium infamiam non* « *irrogat, sed causa propter quam irrogatur.* (*L.* 22, *ff.,* « *de his qui not. inf.*). »

Je reproduis à dessein ce titre en entier, car les motifs de la solution donnée par l'arrêt de 1604 servent également à deux auteurs recommandables de notre siècle pour fonder la même opinion (2).

Les doutes s'étaient donc manifestés d'abord même sur la durée de l'action en dommages et intérêts proprement dite, et presque tous les parlemens avaient fini par mettre sur la même ligne l'action civile et l'action criminelle, en vertu de l'axiôme *accessorium sequitur principale*, sauf pourtant une distinction.

(1) Ce n'était pas là le sens qu'attachaient les anciens auteurs à cette expression *intérêts civils.* Ferrière, verbo *intérêts civils,* tom. ii, pag. 80, en donne pour définition : « Ceux qui tiennent lieu *de dédommagement* d'un tort ou d'une injure, qui nous a été injustement faite.... ; l'intérêt civil qui procède d'un crime s'éteint par 20 ans comme le crime même. »

(2) MM. Carnot et Mangin prétendent que l'action criminelle et l'action en restitution ont le même *principe!!* Que l'une est l'accessoire de l'autre !

« Les parlemens de droit écrit, en conformité de la loi finale, *ad leg. Jul. de adulter.*, admettaient qu'après la mort de l'accusé, on ne pouvait demander à son héritier des dommages-intérêts, ni aucunes peines provenant du délit.

« Les parlemens de droit coutumier, au contraire, décidaient que par la mort le crime s'éteignait, et avec lui la question des biens, la confiscation ; mais pour ce qui est des dommages-intérêts, ils pouvaient être demandés à l'héritier, même quand l'accusé avait décédé avant la sentence. »

Gabriel Davot faisait même une distinction entre la poursuite particulière en dommages-intérêts et celle en amende honorable à demander pardon. — Ainsi l'action civile pouvait être intentée, ou pour un intérêt pécuniaire, ou pour une vengeance privée. Dans ce dernier cas, elle était assimilée à l'action publique ; dans le premier, elle était purement civile, et comme telle recevable pendant 30 ans ; parce que, ajoute Davot, cette action est tout-à-fait *indépendante* de la criminelle.

Abstraction faite de tout texte de loi, quel système était le mieux fondé en raison et en principe?

Je crois qu'en s'en tenant purement et simplement à la nature et au fond des choses, on a eu tort, sous l'ancienne jurisprudence, comme dans notre Code criminel, de soumettre l'action civile et l'action publique à la même prescription. J'essaierai de mettre au grand jour les bizarreries et peut-être les monstruosités qui en résulteront chez nous (1).

(1) Je ne parle maintenant que de l'action en dommages-intérêts, et non pas encore de l'action en restitution

Quant aux motifs qui ont fixé les parlemens, ils ne me touchent nullement. Je les trouve exposés par un auteur éminent, Scipion Bexon, dans la préface de son Code de la sûreté, § 4, offert au Roi de Bavière en 1807 (1). Cette introduction toute philosophique nous dévoile l'esprit véritable de notre législation criminelle sur ce point, et ne laisse en arrière aucune des raisons qui ont pu motiver les dispositions des articles 637 et suivans.

Or, ainsi que l'on peut s'en convaincre à la lecture des motifs apportés par cet auteur, il justifie le système de la loi par trois considérations principales, et il dit :

1° Le résultat principal d'un fait étant éteint par le bénéfice de la loi, il est injuste et déraisonnable d'en laisser subsister l'accessoire.

2° Il est inconséquent de permettre qu'un crime soit dévoilé par le moyen d'une poursuite civile, quand la société ne pourrait plus être vengée.

3° Les tribunaux civils auraient plus de pouvoir que les tribunaux criminels.

Cette dernière réflexion est assez innocente par elle-même, pour que je ne m'occupe pas de la réfuter. Chaque tribunal a sa juridiction propre, et jouit d'une puissance égale dans sa sphère. Ce pouvoir supérieur ne saurait d'ailleurs exister, puisqu'il ne s'agit nullement d'un crime à punir, mais d'un préjudice à réparer, ce qui est tout-à-fait différent, sous le point de vue de la juridiction.

Quant à l'affront résultant pour la société de ce qu'un crime sera dévoilé, et qu'elle ne pourra plus être vengée, je ne regarde pas cela comme une raison bien sérieuse.

(1) Epoque à laquelle on travaillait à notre Code d'instruction criminelle.

Au moyen de la prescription, la société se place dans une position telle, qu'elle est exposée à chaque instant à voir un crime découvert, sans pouvoir infliger aucune peine. La justice, l'équité, la bonne foi reçoivent tous les jours au civil des soufflets de ce genre : cela est très-conséquent avec l'admission de la prescription.

Le premier motif et le seul qui, *en fait,* ait conduit nos législateurs, n'est autre chose que la paraphrase de la maxime « *accessorium sequitur principale* (1). » Certainement les auteurs de nos lois ont eu le droit de la consacrer ; mais ils n'ont pas osé l'appliquer d'une manière absolue. Car, conformément à la jurisprudence des parlemens de droit coutumier, ils ont décidé que, nonobstant la mort de l'accusé et l'extinction de l'action publique, la poursuite civile aurait son cours.

Je suis bien aise de faire remarquer, par là, que cet axiôme n'est point une règle de haute sagesse à laquelle doive se plier rigoureusement le créateur d'une loi ; et tout en reconnaissant que l'action civile est l'accessoire, la suite, ou plutôt la *conséquence* d'un crime, je ne vois pas qu'il doive en résulter forcément anéantissement de cette action par la prescription de l'action publique.

D'abord nos lois nous offrent elles-mêmes, plus d'une fois, l'exemple de la poursuite privée survivant à l'extinction de la poursuite publique (*V. Mangin, tom.* ii, *n*° 364) ; et ensuite on nous parle de fictions, comme si avec de pareils moyens on pouvait détruire des faits. Par le moyen de la prescription, dit Bexon, l'action publique est éteinte, et le fait *est censé* n'avoir pas existé, le résultat principal

(1) Qu'on veut si mal à propos appliquer à l'action en restitution.

du fait étant anéanti !... Mais malheureusement il y a un fait qui existera toujours, il y a un résultat de ce fait qui n'est pas anéanti : c'est le préjudice qui m'a été causé par votre faute. On aura beau feindre que le fait n'a pas eu lieu, c'est une puérilité; cela n'empêchera pas que ce qui a été, fût.

Et c'est sous le joug de cette fiction que notre Code a donné les dispositions dont je parle, fiction qu'il a puisée dans la vieille jurisprudence qui, malgré quelques résistances des auteurs et du barreau, finit par céder à l'influence magique du brocard, *accessorium sequitur principale*.

Nos auteurs modernes apportent encore une justification de notre législation ; c'est la crainte de voir établir par la preuve testimoniale des faits qui se sont passés il y a 20 ou 25 ans : cette raison est parfaite quand il s'agit de la prescription de l'action criminelle ; mais je ne m'occupe que de l'action civile, et je demande que l'on agisse pour un crime ou un délit, comme pour un quasi-délit. Les parties seront égales, le demandeur et le défendeur seront absolument dans la même position : il n'y a pas à argumenter de la faveur due à l'accusé, il s'agit de débats purement privés et civils.

Y a-t-il, d'ailleurs, même principe dans les deux prescriptions?

Pourquoi admet-on la prescription de l'action criminelle? Au corps législatif, on a fait valoir principalement, « la punition endurée par le coupable, à raison des agitations, des troubles intérieurs de sa conscience, des tourmens d'une vie incertaine, etc. » J'abrège, car véritablement on se demande aussitôt si les remords et les tourmens du cou-

pable sont une monnaie représentative des intérêts lésés.
Cela suffit à la société qui se trouve assez vengée, senti-
ment noble et vrai ; la peine morale, le supplice de chaque
instant de l'exil ou du remords ont assez payé le crime :
mais cela ne me rend pas l'argent, espèce sonnante qu'on
m'a fait débourser ; il y a une obligation créée envers moi,
obligation purement civile, dont on ne peut se libérer, en
raison naturelle, que par un paiement effectif et réel, et
non par des lamentations !!!

Ces deux actions ont, à la vérité, une origine commune,
le fait criminel, sans lequel point d'action publique, point
d'action en dommages-intérêts. Mais leur prescriptibilité
a-t-elle pour base le même principe? C'est ce que je nie
formellement. Les actions civiles, en général, ont été limi-
tées par la loi, afin que le niveau établi dans les affaires so-
ciales, que l'ordre constitué par une longue suite d'années
dans la fortune des particuliers, ne viennent pas être trou-
blés par une recherche tardive, reposant sur des faits loin-
tains, et qui n'ont plus la valeur et l'importance du moment. Il est d'ailleurs dans la nature des choses qu'il y ait
une fin à tout. Voilà les idées générales et premières qui
dominent la prescription civile. Le principe de la prescription criminelle, l'idée mère de l'extinction de l'action publique, reposent sur une base toute différente, sur la faveur due à l'accusé, sur les peines morales et physiques
qu'il a supportées, etc.

En principe strict, la loi a donc eu tort de confondre et
de réunir ces deux prescriptions. Son erreur est grave, je
le répète ; et quand j'examine avec ma raison propre les
motifs des dispositions de notre Code criminel à ce sujet,
j'y vois un défaut d'ordre et de logique, dont la conséquence

singulière n'a sans doute pas été aperçue de nos législateurs.

Tout ce que je dis là est puisé dans la nature des choses, et je m'obstine à considérer comme une erreur en législation la confusion des intérêts de la société et de ceux des particuliers, de l'obligation civile et de la dette envers le public. Chaque ordre se paie à sa façon : l'ordre public avec des peines exemplaires ou vengeresses ; l'ordre privé avec de l'argent.

Il m'est impossible, franchement, de voir une bonne raison de distinguer l'obligation naissant d'un délit de celle naissant d'un quasi-délit.

Les preuves de l'innocence seront difficiles à apporter ? Et les preuves de la demande seront-elles plus faciles ? J'ignore comment les preuves seront plutôt perdues, parce que la loi a dit que tel fait serait puni de telle peine ! Pour un quasi-délit on ne s'effraie pas de tout cela : or, de part et d'autre, je ne vois qu'un débat purement privé et pécuniaire.

Aussi ne puis-je justifier les dispositions des articles 637 et suiv., qu'en les considérant comme la reproduction servile de l'ancienne jurisprudence, basée, comme j'ai eu soin de le faire remarquer à chaque arrêt cité, sur le brocard : « *Accessorium sequitur principale.* » Malheureusement les fictions et les brocards étaient les maîtres despotes des idées de nos ancêtres, et ils nous en ont légué les tristes résultats, sous la forme de vieux lambeaux arrachés au Droit romain, et qui, pâlissant devant un raisonnement libre et sûr, ne brillent plus que de la splendeur de leur origine.

Ce n'est pas pour le vain plaisir d'une critique fort déplacée dans ma bouche, que je cherche à démontrer l'er-

reur législative que je crois apercevoir dans le Code d'instruction ; mais c'est que de ces dispositions auxquelles je
fais allusion découlent des conséquences bizarres et illogi-
ques ; et, pour parler tout de suite de ces dernières, je demanderai quel esprit a guidé nos législateurs dans la fixa-
tion de la durée des diverses prescriptions? Pour un quasi-
délit , la partie lésée a une action civile trentenaire.

Partant de là, que décide-t-on ? Pour un délit on aura
trois ans; pour une contravention, un an, et pour un crime,
dix ans ! Quelle est la progression mathématique que l'on
a voulu suivre? Les deux plus hautes prescriptions sont alliées, l'une au fait le plus coupable, l'autre au fait le plus
innocent !!!

Il ne faut pas oublier que ma critique ne porte absolument que sur le point de vue civil; car, pour ce qui regarde
le criminel, j'approuve en tout la loi ; mais je démontre
ainsi le défaut de logique qui règne dans ses dispositions.

C'est là, du reste, le moindre inconvénient ; bien que
pourtant l'uniformité et l'unité soient les deux premières
conditions d'une bonne loi ; d'autant plus qu'ici il n'y avait
pas de bonne raison de distinguer l'action civile personnelle résultant d'un fait puni par la loi, de celle née de
toute autre cause ; puisqu'au fond il n'y a toujours qu'une
obligation civile engendrant une action personnelle.

Cette confusion est donc maladroite ; de plus, elle est
illogique.

Quant à la bizarrerie et à la monstruosité que j'ai an-
noncées , elles apparaîtront facilement par la solution que
l'on doit donner à la première question que j'ai posée, à savoir :

I.

Si l'action civile est toujours soumise à la même prescription que l'action publique, lors même qu'elle est portée devant la juridiction civile ?

Deux principes nous dictent la décision à prendre : 1° La durée, la prescriptibilité d'une action dépendent de la nature et du caractère imprimés par la loi à cette action, et non pas de la nature de la juridiction qu'on en saisit. Cela me paraît incontestable ; 2° *Ubi lex non distinguit, nec nos distinguere fas est.*

Partant de ces deux idées, je n'hésite point à me prononcer pour l'affirmative, et conséquemment à poser comme règle certaine, que l'action civile résultant d'un crime, d'un délit ou d'une contravention, est soumise à la prescription des articles 637, 638 et 640 du Code criminel, quand même cette action est portée devant les tribunaux civils.

Du reste, cela n'a été révoqué en doute que par MM. Carnot et Bourguignon, qui ne donnent pour raison de leur décision absolument qu'un arrêt mal interprété par eux. (22 janvier 1822, Cour de cass.)

Si donc cette solution est certaine, que va-t-il se passer ?

Posons une espèce qui fixera les idées.

Ma maison a été incendiée : la police a constaté le fait; rien de plus, tout le monde a gardé le silence. Douze ans après, j'attaque Pierre, mon voisin, comme auteur de cet incendie, et lui demande des dommages-intérêts, non pour *crime* (je me garde bien de prononcer le mot), mais pour *fait préjudiciable occasionné par sa faute.*

Pour se soustraire à cette poursuite, et conformément à

l'article 637 et à la solution que nous avons donnée, Pierre devra dire que l'action est prescrite; qu'à la vérité on ne lui reproche qu'un *fait préjudiciable,* mais que lui, Pierre, déclare qu'il a commis un *crime!* et cet homme devra entrer dans les détails de l'action qu'il a commise; il devra chercher à se rendre odieux, afin de gagner son procès. Cela ne peut être nié, car enfin, le tribunal civil doit pouvoir juger l'exception opposée par le défendeur (l'EXCEPTION DE CRIME! Elle est inconnue à des législations beaucoup moins avancées que la nôtre), et pour cela, il lui faudra apprécier les circonstances du fait. En un mot, il faut bien appliquer la loi, et les tribunaux n'ont pas d'autre moyen que peser et vérifier les faits, afin de savoir s'ils constituent ou non un crime, si l'exception est ou non fondée.

Je ne sais si je m'égare, mais je ne vois pas d'autre mode de sortir d'affaire. S'en tenir à la qualification du fait donnée par le demandeur, c'est effacer les art. 637 et suiv. Pour user du bénéfice de ces articles, bénéfice qui lui compète même devant la juridiction civile, il faut que Pierre se pose en criminel, et se salisse à fur et mesure que le demandeur voudra le blanchir. Cela ne peut pas se passer autrement.

Dira-t-on que, s'il n'y a pas crime décidé tel par les tribunaux criminels, alors les tribunaux civils ne pourront le décider eux-mêmes? Ce serait une erreur manifeste. Le tribunal civil trouve tous les caractères du crime dans la loi, il n'a plus qu'à en faire l'application au fait dont il s'agit : ce droit lui est indispensable pour juger du mérite de l'exception; et on restreindrait donc les articles 637 et suivans, dans leurs dispositions relatives à l'action civile, au cas où il y aurait eu un jugement sur l'action criminelle, cas auquel, le fait étant avoué de part et d'autre, la qualifi-

cation devrait forcément être adoptée ! Ce serait réduire
la loi presque à rien, et faire une distinction qu'elle ne
fait pas. (Voy. au surplus l'arrêt de la Cour de cassation du
26 mars 1829, que je rapporte ci-après, en note).

Jetons donc un coup-d'œil sur ce singulier duel judiciaire :
demandons-nous quel dégoût profond s'emparera de nous,
lorsque, avec un cynisme que la loi protége, avec cette
hardiesse de l'impunité et cette audace du crime victo-
rieux, le coupable viendra étaler aux yeux de la justice
toute l'horreur de son action, toute la lâcheté de son crime,
pour s'en faire une cause de triomphe et un droit à la faveur de la loi !!! Celui qui attaque devra chercher à pal-
lier les fautes du coupable, et celui-ci à leur donner tous
les caractères du crime ! Vous craigniez de condamner
un homme qui aurait perdu les moyens de prouver son innocence? Eh bien ! Pierre va vous dévoiler une à une toutes les preuves de sa culpabilité, sans oublier la plus petite
circonstance, afin de mieux asseoir sa turpitude ! Ce droit
pourrait-il lui être contesté? Si le tribunal peut apprécier
les moyens de défense qu'il puise dans la loi, c'est que nécessairement il peut les exposer et les développer.

Par quel moyen échapperez-vous à cette conséquence ?
Sera-ce en décidant que l'action privée ne sera prescrip-
tible que par 30 ans, quand on en saisira la juridiction civile? J'aurais bien désiré pouvoir embrasser ce parti ; malheureusement les principes sont là : je les ai rappelés en
commençant cette discussion ; ils formemt une barrière in-
surmontable, et vous défendent de passer outre. Vous êtes
enfermés dans un résultat monstrueux, sans pouvoir même
invoquer la maxime, *nemo in jus accipitur, allegans pro-
priam turpitudinem suam.*

Les tribunaux devraient-ils donc autoriser les plaidoiries révoltantes de celui que j'ai nommé Pierre? ordonner les expertises qu'il demandera, afin d'établir l'exception qu'il oppose à la réclamation de la partie lésée?

Je ne sais pas précisément ce qu'ils feront dans la pratique (1). J'ai dû signaler sans déguisement les conséquences possibles et inévitables de nos lois, dans leur exécution stricte et rigoureuse ; seulement, je suis presque convaincu que, le plus souvent, les tribunaux n'admettront point l'ex-

(1) Un arrêt de la cour de cassation, à la date du 26 mars 1829, présente d'une manière remarquable l'application à une espèce des principes de cette matière. Je ne puis mieux donner une idée de la marche probable des tribunaux sur ce point, qu'en transcrivant les motifs de cet arrêt ; ils sont ainsi conçus : « Attendu que l'action formée par la Dlle. Dubois avait pour but d'obtenir la réparation d'un dommage qu'elle soutenait lui avoir été causé par les demandeurs en cassation, et par des faits qui leur étaient personnels, *sans rattacher ces faits à aucun délit qualifié par la loi*, et dont elle leur adressât le reproche ; *que c'est ainsi et dans ce sens que la cour de Pau a entendu et caractérisé l'action* en dol et fraude dont l'avait saisie par voie civile ordinaire la Dlle. Dubois ; qu'*il était dans le domaine et les attributions de cette cour d'apprécier* les faits et les circonstances qui avaient causé le dommage, et d'en ordonner la réparation par application de l'article 1382. » La cour reconnaît donc ainsi aux tribunaux civils le droit de s'enquérir s'il y a ou non eu délit, et d'appliquer ou non la prescription , d'après le résultat de ses investigations, et *des moyens qui lui ont été présentés*. Continuons : « Qu'il ne saurait appartenir aux demandeurs , en *s'imputant une turpitude, d'aggraver ces faits et ces circonstances*, et de leur donner le *caractère d'un délit correctionnel* QUE LA COUR DE PAU NE LEUR A POINT RECONNU...; que la prescription prononcée par les articles 2, 637, 638, ne pouvant atteindre l'action civile en réparation du dommage *telle qu'elle a été jugée par la cour de Pau*, etc... » —On voit par là que les choses et les principes sont tels que je les ai annoncés ; que l'arrêtiste (Sirey) a eu tort de paraphraser cet arrêt, en déclarant qu'il décidait affirmativement la question de savoir si l'action civile en dommages-intérêts suit une autre prescription, quand on en saisit la juridiction civile. La décision de la cour témoigne de l'embarras qu'on a éprouvé dans cette circonstance, et du parti mitigé, équivoque, qu'adopteront les tribunaux , afin d'échapper à l'odieuse conséquence que j'ai signalée.

ception proposée par le défendeur ; si celui-ci avoue le fait, tout sera dit, et sans s'inquiéter s'il y a crime ou non résultant de la nature de ces faits , ils adjugeront les dommages-intérêts réclamés, et ils feront sagement. Toutefois, il n'en est pas moins vrai qu'au fond et en principe, nos lois admettent forcément, par l'effet des dispositions des articles 637 et suivans, ce que j'appellerai l'*exceptio criminis*!

Remarquons bien que pareil scandale ne pourrait se renouveler lors de la poursuite intentée par le ministère public, plus de 10 ans depuis le fait ; car ce fait ne peut être ainsi attaqué que comme constituant un crime ; la qualification donnée par le poursuivant enfante d'elle-même la fin de non-recevoir; tandis que, devant le tribunal civil, il faut dévoiler et mettre à nu l'arme dont on veut se servir, pour mettre le demandeur hors de combat.

Maintenant concluons :

Si je ne me suis point fourvoyé dans cette dissertation , ai-je eu tort de signaler comme bizarres et monstrueuses les conséquences découlant des dispositions de notre Code criminel ! Si au moins elles étaient basées sur la raison et les principes, si elles apportaient un remède à une plaie sociale, si elles servaient à garantir d'un mal réel, on ne considérerait ces résultats odieux que comme une suite de l'imperfection des créations humaines, qui ne peuvent jamais produire un bien sans enfanter un mal! Mais ici tout est irrationnel : la loi est à la fois injuste , illogique et bizarre. A qui la faute? Au brocard « *accessorium sequitur principale.* » Cette idée paraît bien mesquine, et pourtant elle est profondément vraie. Partout on le retrouve : tous les beaux discours du corps législatif ont été dictés par l'empire que cet axiôme avait exercé dans notre ancien droit ; et il a fallu de riches vêtemens à cette maxime surannée, pour déguiser son infirmité et sa faiblesse devant ceux qui avaient sacrifié tant de vieux souvenirs, tant de vieux sophismes, à l'autel de la raison !

Cette critique audacieuse m'était nécessaire pour fonder l'esprit à apporter dans la solution des questions de cette matière. Je vois un vice dans la loi ; j'y trouve une disposition exorbitante et exceptionnelle, je l'appliquerai comme exorbitante et exceptionnelle. Je laisserai bien loin derrière moi les fictions et les brocards, sans pourtant m'écarter un seul instant des termes formels de la loi.

Cela posé, demandons-nous en second lieu :

II.

Quelle est l'influence des poursuites exercées par le ministère public sur la durée de l'action civile ?

Si cette dernière est déjà intentée, la poursuite publique en suspend l'exercice ; conséquemment la prescription ne saurait s'accomplir pour elle, tant que le jugement criminel n'est point prononcé ; alors qu'arrive-t-il ? Point de difficulté ; la prescription a été suspendue, elle commencera à courir contre l'action privée, à partir du dernier acte de poursuite de l'action publique ou du jugement que celle-ci aura amené.

Si l'action civile était encore inerte au moment de la mise en mouvement des poursuites criminelles, alors il y a plus de doute sur le point de savoir si celles-ci ont influence sur sa durée. Néanmoins, je crois encore que la prescription est suspendue à l'égard de l'action même privée (1); car, la loi ordonnant de surseoir à la poursuite civile, lors de l'instruction criminelle, les parties lésées ont pu garder le silence pendant tous les débats en vertu de cette disposition : tout cela ne paraît pas soulever des difficultés bien sérieuses.

Il reste à savoir, dans tous ces cas, quelle espèce de prescription courra contre l'action civile? D'abord, s'il s'agit de celle qui commence depuis le dernier acte de la poursuite criminelle, évidemment ce sera la prescription des articles 637 et suivans; rien n'est changé. Mais si un jugement a été rendu avec le ministère public, pendant combien de temps la partie lésée pourra-t-elle demander la réparation civile?

Certes, même ceux qui admettent l'influence forcée sur le civil, de la chose jugée au criminel, me concéderont que cette partie n'aura pas l'action *judicati*; puisqu'elle n'était point personnellement partie au procès, et qu'elle n'y avait pas non plus un représentant dans le langage pur du droit civil. Or, si elle n'a pas l'action *judicati*, je ne lui en vois pas d'autre que celle de l'article 637, avec la nature et la durée qui lui sont assignées par cet article.

De là il faut donc décider, ce me semble, que même dans le cas d'un jugement rendu au criminel, où l'individu lésé n'était point partie, à la vérité la prescription a été interrompue; mais c'est toujours la même prescription du Code criminel qui recommence à courir. Et, en effet, sur quoi fonderait-on une autre durée de l'action civile? Il s'agit toujours d'une action fondée sur un fait punissable : or,

(1) La réciproque ne serait point vraie.

cette action est réglée dans ses effets et sa durée par le Code d'instruction.

Peu importe donc que l'action civile ait précédé, accompagné ou suivi l'action criminelle; elle est toujours identiquement la même action que celles dont parlent les articles précités, et conséquemment elle doit en suivre les principes.

Je passe rapidement sur toutes ces questions pour arriver enfin à celle qui a le plus d'importance et qui offre le plus de doute sur la solution à choisir.

III.

Il s'agit donc de savoir si, par l'expression *action civile*, la loi a entendu parler même de l'action en restitution, en revendication?

Remarquons, sur ce chef, qu'il n'existe qu'un seul monument de l'ancienne jurisprudence, l'arrêt du parlement de Paris du 11 février 1604; et ne perdons pas de vue comment il était motivé. Cela est important, car les partisans actuels de l'opinion consacrée par cet arrêt n'en donnent pas d'autres raisons que celles que nous lisons dans Deispeisses.

Avant de répondre aux objections, commençons par établir en droit, que l'action en revendication ou restitution des choses volées (bien entendu celle exercée contre le voleur) se prescrit par 30 ans, et non pas par 3 ans, comme l'action civile en dommages-intérêts.

Pour cela, il s'agit purement et simplement de consulter la loi civile et les principes qu'elle pose en cette matière;

fixons donc le sens véritable de l'article 2279, C. civ. ; la question y est tranchée.

Je ne m'occuperai point du système créé par Toullier sur le 1ᵉʳ § de cet article, portant que : *En fait de meubles, possession vaut titre;* et je m'attacherai au texte pur de la loi, si bien compris et expliqué par M. Troplong. Ce texte est véritablement d'un laconisme désespérant : mais, si on consulte l'ancien droit, on voit facilement que ces mots : « *En fait de meubles, possession vaut titre,* » ne sont que la reproduction de la maxime *que les meubles n'ont pas de suite;* en d'autres termes, qu'en général la possession actuelle et de bonne foi opère une prescription instantanée au profit du détenteur d'un objet mobilier, sauf le cas de vol ou de perte de la chose. Mais cette possession actuelle ne fera plus supposer un juste titre, quand, au contraire, il y aura entre le détenteur et le propriétaire dépouillé un titre contraire constituant obligation de restituer, et qui fixera entre eux le caractère de la possession : comme, par exemple, s'il existe un contrat entre les parties et que la demande du propriétaire soit fondée sur l'obligation résultant de ce contrat. Et ce que l'on dit d'une obligation née d'un contrat, s'applique à toute espèce d'obligation née, soit d'un quasi-contrat, soit d'un quasi-délit, soit même d'un délit, j'ajouterai, soit d'un crime. Point de motifs de distinguer : « Si donc le voleur, dit M. Troplong (nº 1049), est « affranchi de la poursuite criminelle après 3 ans, il n'est « pas à l'abri de l'action civile, et le véritable propriétaire « a 30 ans pour se faire restituer la chose volée : on ne « saurait se prévaloir, dans son intérêt, de l'article 2279, « qui ne profite qu'aux tiers acquéreurs, et ce serait le « comble de l'absurdité que de ne mettre aucune diffé-

« rence entre le voleur et celui qui aurait acheté de bonne
« foi. »

En cas de vol donc la prescription ne sera plus instantanée ; mais il suffira, du reste, que 3 ans se soient écoulés
depuis le vol pour que le tiers acquéreur soit à l'abri de
toute recherche, n'eût-il possédé lui-même le meuble volé
que le dernier jour des 3 années, tant est général le texte
de la loi. Mais une obligation pèse sur le voleur ; elle est née
de son délit ; elle le constitue possesseur de mauvaise foi ;
2279 ne peut lui profiter, il lui faudra donc 30 ans. (Je
trouverai encore d'autres raisons de le décider ainsi.)

Telle est la loi civile. Pour donner une autre solution, il
faut voir, dans le Code criminel, une dérogation aux principes généraux.

Laissons parler nos adversaires et voyons comment ils
établissent cette modification.

Mangin (t. 11, n° 366), qui traite la matière *ex-professo,*
s'exprime en ces termes : « La prescription de l'action ci-
« vile résultant d'un crime, d'un délit ou d'une contra-
« vention, interdit à la partie lésée, non-seulement toute
« demande en dommages-intérêts, mais encore toute de-
« mande en restitution ; car l'effet de la prescription est
« d'établir *la présomption légale que le fait dommageable*
« *n'a point existé.* »

Et voilà comment on prouve qu'une action en revendication de meubles, exercée contre le voleur, est prescrite
par 3 ans, comme le délit lui-même ; parce que l'effet de la
prescription est *de faire supposer la non-existence* du fait!!

Mais à supposer que la fiction de la loi puisse logiquement s'approprier à la demande en restitution, je commen-
cerais par l'écarter, car il est de principe que les fictions

doivent être restreintes au cas spécial pour lequel elles sont consacrées ; surtout quand il n'y a pas la moindre analogie, ni la moindre connexité, ce que j'essaierai d'établir.

Où la loi a-t-elle donc étendu à l'action, dont il s'agit, cette prétendue fiction suivant laquelle le fait est censé n'avoir pas été commis? Gardons-nous d'user d'un raisonnement mathématique sur le terrain des fictions législatives, si toutefois il en peut exister.

J'ajoute ces derniers mots, car, en vérité, je ne comprends nullement que l'on vienne parler de *fictions* dans notre droit. La loi a-t-elle donc besoin de subterfuges chez nous, comme le préteur à Rome, pour éviter la rigueur du *summum jus!* Notre loi ordonne en maître et ne recourt point à des moyens détournés, à des subterfuges indignes d'elle et de la raison, pour créer les dispositions qu'elle croit bonnes. La fiction est l'arme des faibles ; la loi est forte par elle-même. Elle parle, il faut obéir, sans voir maladroitement dans son ordre le déguisement apprêté de sa véritable pensée : le crime est prescrit après 10 ans? Elle le veut : cela suffit ; et il est parfaitement inutile de bâtir cette volonté sur la supposition que le fait n'a jamais existé, pour aller tirer de ce faux point de départ des doctrines et des théories erronées, que l'on peut si facilement éviter, en dépouillant la science du droit de tout ce verbiage sans portée actuelle, que notre ancienne jurisprudence avait inconsidérément emprunté à la législation romaine, et qui était un résultat du caractère particulier de cette dernière (1).

(1) J'ai toujours été grandement intrigué de l'emploi des fictions dans les raisonnemens de droit, quand j'ai vu la loi prononcer ce mot une seule fois (739) ; et ce n'est qu'historiquement que j'ai pu me rendre raison d'une ma-

J'aplanis donc la route, et je dis à M. Mangin, qu'en admettant même la fiction dont il parle, il a eu tort de l'étendre ; que, d'ailleurs, elle ne saurait logiquement s'appliquer au cas que nous discutons ; et, pour le prouver, il me

nière aussi singulière de tirer des déductions et de poser des principes. Qu'un tel mode puisse faciliter les démonstrations et donner la clé des difficultés qui s'élèvent dans nos lois, c'est ce que je nie hautement. Je ne crains pas, dans mon humilité, de taxer de ridicule cette marche suivie chez nous, à l'instar d'une législation qui diffère totalement de la nôtre, quant à son principe. Je n'aurais vu que du ridicule, que je n'aurais peut-être pas pensé à relever ce que j'appelle un non-sens ; mais c'est qu'en partant de ce point de vue, on est exposé à commettre les erreurs les plus graves ; ainsi que je pourrais le prouver déjà par la discussion qui m'occupe, et ce que vient établir un exemple pris sur un point qui n'est plus sérieusement contesté.

Ainsi, qu'est-ce que la légitimation ? Je répondrai tout simplement que c'est une faveur de la loi qui élève les enfans naturels au rang des enfans légitimes ; et cela, afin d'encourager à contracter les liens du mariage par l'appât de rendre ainsi légitimes les enfans nés d'un commerce illicite. Que disent certains auteurs ? Posons une espèce : « Un homme et une femme ont un enfant hors mariage ; ce dernier se marie, laisse des enfans et meurt : ensuite le père et la mère de cet enfant naturel défunt contractent mariage ; conformément aux anciens principes, les petits-enfans profiteront de la légitimation. Pourquoi cela ? C'est la loi qui le veut ainsi. » Mais cette réponse ne satisfait point certains esprits qui justifient cette décision au moyen d'une fiction de la loi par laquelle elle feindrait que le mariage existait à l'époque du décès de l'enfant. « Rien ne sera plus facile à démontrer que la fausseté de cette fiction. V. g., Un individu qui a un enfant naturel contracte mariage avec une autre femme que sa concubine ; rien ne l'empêche, à la dissolution de ce mariage, d'épouser cette concubine et de légitimer son enfant naturel. La légitimation ne repose donc nullement sur la fiction que le mariage avait été célébré *ab initio :* car, dans cette espèce, il en résulterait qu'au moyen de cette fiction un homme aurait eu deux femmes en même temps. » D'autres auteurs emploient la fiction contraire, consistant à supposer que la conception descend dans le mariage. Cela entraîne encore dans des erreurs évidentes. V. g., La donation est révoquée de plein droit par la survenance d'enfans : mais la loi veut que l'enfant légitimé, pour anéantir la donation, soit né depuis la donation, et non pas seulement conçu. La légitimation n'a donc pas pour effet de supposer l'enfant conçu dans le mariage, car la donation devrait, d'après cette fiction, toujours être révoquée. « Je m'étends assez longuement là-dessus, afin de fonder le peu de respect que je porte aux fictions et aux démonstrations que l'on veut baser sur elles. »

suffira de dévoiler le secret du raisonnement que sous-entend cet auteur, et qu'il devait se faire en lui-même, à savoir : « Que le fait n'existant plus aux yeux de la loi, la soustraction des choses est censée n'avoir pas existé ; qu'alors l'action en revendication, qui naît de ce fait et qui est accessoire de ce fait, ne pourrait subsister elle-même. » L'action en restitution est donc, selon lui, l'accessoire du fait incriminé, et si l'on a une action en revendication, c'est qu'il y a eu un vol commis.

Brocard sur fiction, et fiction sur brocard.

Combien tout cela est faux et échoue promptement devant la raison naturelle !

Je conteste d'abord l'effet illégal de ces qualifications d'accessoire et de fictions. J'examine la loi qui décide, tout simplement, que l'action civile et l'action publique sont prescrites par le même laps de temps.

Or, que doit-on entendre par action civile ?

De l'aveu tacite de Mangin lui-même (car il n'argumente aucunement de ce texte), cette expression se rapporte à la demande en dommages-intérêts, en réparation civile, celle qui résulte de tout crime quelconque. Par action civile opposée à l'action criminelle, en entend toujours, dans le langage du droit, ce qu'anciennement on appelait *intérêts civils*, dont j'ai rapporté plus haut la définition donnée par Ferrière.

Dira-t-on que, la loi n'ayant pas distingué, nous ne pouvons distinguer ?

Mais cette objection reposerait sur une idée bien fausse : Il est inutile de faire une distinction là où il n'y a pas un point commun ; là où la distinction est faite par la qualité et la nature différentes des choses. Disons que la loi n'a point confondu, et qu'alors nous ne devons pas confondre ; il serait illogique et absurde de supposer cette confusion de choses à cause de l'identité des dénominations. Eh! mais, la loi a-t-elle distingué l'action civile naissant d'une obligation préexistante au délit, et en vertu de laquelle on peut, nonobstant le délit (cela ne fait pas l'objet de la moindre controverse), agir en restitution pendant 30 ans, ainsi, en cas de violation de dépôt, d'abus de confiance? là aussi l'action porte le nom d'action civile, et pourtant on ne dit point que la loi n'a pas distingué?

Me répondra-t-on que, dans ces derniers cas, la raison de décider n'est plus la même; que l'action ne prend point naissance dans le délit, mais dans le contrat?... Je reviens alors sur le terrain où s'est placé M. Mangin, et, pour le combattre avec ses propres armes, j'admets un instant l'existence réelle de ses fictions et de son brocard, et je me demande ce qu'il faut en conclure.

« S'il est vrai que l'action en restitution *prenne naissance* dans le délit ; s'il est vrai qu'elle soit *l'accessoire* de l'action publique, qu'elle ait la même origine, il faut, dit Mangin, lui appliquer la prescription de l'art. 637. »

La conséquence est fort mal tirée, remarquons-le bien ; car, en admettant cette identité d'origine des deux actions, criminelle et en revendication, il ne s'ensuit pas que la prescription doive être la même, puisque le principe de la prescription peut être différent dans les deux cas, ainsi que je l'expliquerai plus amplement.

Mais enfin qu'elle soit telle, si tel est aussi son bon plaisir ; car je commence par nier les principes qu'il met en avant, et qui fondent sa décision.

L'action civile en restitution prend donc naissance dans le vol!

Si l'on entend dire par là que mon action en revendication est inerte tant qu'on ne m'a pas privé de ma chose,
c'est une naïveté très-inoffensive, et je la concède sans
peine.

Mais veut-on faire comprendre que si on ne m'a pas volé,
que s'il n'y a pas eu soustraction frauduleuse, je ne puis
exercer aucune action en revendication? J'en demande
pardon à mes adversaires; mais que l'on m'ait volé ma
chose ou qu'on me l'ait simplement prise, je vais user et
avec avantage de l'action née de mon droit de propriété. Il
est faux de dire que cette action ait pour origine le délit
commis à l'égard du propriétaire. Prise dans un sens, cette
proposition est une ingénuité; prise dans un autre, c'est
un mensonge.

Dans quoi réside mon action en revendication? Dans
mon droit de propriété. J'ai la faculté de demander la restitution de ma chose (évidemment quand elle est sortie de
mes mains), en vertu du droit exclusif que me confère le
domaine de propriété que j'ai sur elle. Voilà le principe de
mon droit de revendication. Maintenant, que vous me l'ayiez
escroquée ou volée, ou que vous la possédiez de mauvaise
foi d'une manière quelconque; en vertu de l'art. 2279, j'ai
30 ans pour vous la redemander, parce que vous n'êtes point
un tiers, et qu'une obligation que je m'offre de vous prouver (celle résultant du délit), détruit à votre égard la présomption de l'article précité.

Vainement l'on objectera que la loi ne veut pas qu'on
puisse prouver le fait après trois ans : ce n'est pas de cela
qu'il s'agit. Il faut s'entendre : pour le crime, c'est très-
bien; mais pour une action en revendication, ce n'est plus
qu'un débat purement privé. Je ne cherche point à prou-

ver un délit. Je revendique et j'établis mon droit de propriété avec tous les moyens possibles. Je prouve que ma chose est sortie sans cause de mes mains, qu'elle se trouve sans cause dans les vôtres , et qu'elle m'appartient réellement.

En quoi mon droit de propriété serait-il donc changé par cette seule circonstance que c'est par un fait punissable que j'ai été dépouillé?

La cour de Bordeaux, dans les motifs de son arrêt du 15 avril 1829, prétend que le crime ne peut plus être recherché *d'une manière quelconque?* Où a-t-elle pris cela? Si c'est une déduction des articles 637 et suivans , j'ai déjà répondu à cet argument en faisant observer que la loi n'avait pas besoin de distinguer entre deux actions toutes différentes, qui ont chacune leur cause particulière, et qui , n'étant point confondues par la loi, sous aucun rapport, ne doivent point être régies par les mêmes dispositions (1).

Qu'a donc à faire ici cette prétendue fiction de la loi? Elle établit, dit-on, la présomption légale que le fait n'a point existé! Ce n'est pas vrai : eh bien! j'y consens. Mais établit-elle aussi que mon droit de propriété, fondement de mon action en revendication, n'a aucune existence? Si vous voulez user de fictions, suivez-en les règles, et conséquemment n'en étendez pas, outre mesure, le sens et la portée. Je regarde donc comme faux le raisonnement que

(1) Ce même arrêt de la cour de Bordeaux commence par poser en principe que l'action en restitution est *l'accessoire du délit* : c'est toujours l'idée dominante. Je serais bien satisfait si je trouvais quelque part une définition du mot *accessoire* ; peut-être ouvrirais-je les yeux à la lumière ! Une action en revendication accessoire d'un crime !!! *Error communis facit jus !..*

fait Mangin, même dans la supposition des fictions dont il parle.

Maintenant, arrivons à quelque chose de moins absolu et de plus rationnel, en évitant, autant que possible, les fausses voies où nous égarerait une théorie que repousse le bon sens.

Apprécions donc la véritable nature de ces actions.

Je l'ai déjà dit, l'action civile en dommages-intérêts et l'action publique ont la même origine, et découlent du même fait ; mais leur prescriptibilité particulière n'aurait pas dû être confondue par la loi, car l'extinction de l'une ne repose nullement sur la même idée, sur le même principe que l'extinction de l'autre. Je crois m'être assez étendu sur ce point. Si maintenant nous arrivons à l'action en revendication d'objets volés, nous remarquons avec une certaine satisfaction, que, non-seulement le principe de la prescriptibilité de cette action est tout autre que celui qui a basé celle de l'action publique, mais encore que l'origine de ces deux actions diffère totalement.

Sans fait criminel, point d'action publique ; l'action en restitution, au contraire, ne dépend nullement du caractère du fait qui m'a privé de ma propriété ; pourvu qu'il ne s'agisse pas d'un tiers de bonne foi contre lequel je n'aurais aucun recours, ou seulement un recours pendant trois ans, selon qu'il y aurait eu vol ou soustraction non frauduleuse, alors j'ai 30 ans pour la revendiquer ; l'art. 2279 est ainsi entendu.

Cette action ne résulte donc nullement du vol ; elle trouve son principe premier dans mon droit de propriété ; tandis que le principe intime de l'action publique ou de l'action civile en dommages-intérêts est dans le fait lui-

même. S'il n'y a point eu soustraction, ni l'une ni l'autre
de ces dernières ne prennent vie; sans le fait elles n'ont
aucun germe d'existence; au lieu que mon action en revendication peut bien n'être pas mise en mouvement, mais
elle a toujours le principe de vie dans mon droit de propriété, et le fait de spoliation ne crée point cette action, il
lui donne seulement l'occasion de paraître et d'agir. Je suis
heureux que la loi n'ait point parlé pour cette action
comme pour l'action en réparation du dommage causé, afin
de rester fidèle aux principes généraux et à la saine logique.

L'idée que j'ai développée en dernier lieu trouve son
application nette et précise dans les cas de violation de dépôt, d'abus de confiance; ces faits donnent ouverture à
l'exercice de l'action en restitution, dont le principe réside
dans l'obligation, et non dans l'acte coupable. Je m'étonne,
du reste, que l'exception qu'apporte soigneusement mon
auguste adversaire, pour ces derniers cas, aux principes
qu'il veut faire prévaloir, ne lui ait point dicté la solution
dans l'espèce d'une action en revendication de choses volées. Il accorde, et même il avertit avec grand empressement, qu'il ne faut point confondre l'action en revendication résultant du délit de soustraction frauduleuse, et celle
née d'une obligation antérieure au délit. Ainsi, s'agit-il
d'une violation de dépôt, alors le propriétaire aura 30 ans
pour agir en restitution des objets détournés, parce que le
droit de revendication est né du contrat formé entre les
parties; l'obligation de restituer existait avant le délit; elle
ne naît point de ce délit.

Je viens déjà de faire remarquer que, dans tous les cas,
l'action en restitution ne naît point du délit : ce n'est point

là son principe intime. D'ailleurs, une réflexion bien simple détruira la distinction que l'on veut mettre entre des cas
identiques, et que je regarde comme purement arbitraire.

En effet, si l'on considère la préexistence d'une obligation, ce n'est qu'en vue du droit enfanté par cette obligation, ce n'est point l'existence de l'obligation qui doit guider, mais l'existence du droit qui en résulte. On ne doit
donc décider, ainsi que le fait Mangin, dans les cas de
dépôt, d'abus de confiance, etc., qu'en vertu d'un droit né
et existant avant le fait délictueux. Or, je demande si le
droit qui résulte du domaine que j'ai de la propriété de la
chose, a une nature tellement différente du droit résultant d'une obligation conventionnelle, que la solution doive
changer dans chaque espèce? Vous vous attachez à la préexistence d'un droit; mais alors comment, et en vertu de
quel principe ou de quelle disposition de loi, venez-vous
distinguer le droit de réclamer la chose né de mon *domi-
nium* de propriété, de celui né d'une obligation conventionnelle? N'y a-t-il pas eu d'ailleurs, à vrai dire, et dans la
métaphysique du droit, obligation de restituer aussitôt que
la spoliation a été opérée? N'est-ce pas là une obligation
civile? Quel texte l'a limitée à 3 années? Où trouvez-vous
l'exception aux principes généraux que vous appliquez
dans un cas, et que, sans raison, vous repoussez dans
l'autre?

Quel que soit le point auquel vous vouliez vous rattacher,
les principes et le bon sens s'opposent à l'opinion que vous
défendez.

Rien de mieux établi, selon moi, en droit strict, que la
théorie que j'expose; la raison et l'équité viennent encore
en élargir la base, et la consolider plus fortement, peut-être,

aux yeux du vulgaire non versé dans les déductions méta-physiques, que les principes eux-mêmes.

Si on n'admet point l'opinion que je cherche à faire triompher, on va voir renaître cette fatale *exceptio cri-minis !*

Quand je redemanderai, avec de grands ménagemens, en justice, ma montre qui est entre les mains de Pierre, celui-ci me repoussera énergiquement, en me disant : « Il y a trois ans écoulés depuis que vous êtes privé de votre chose; or, je vous l'ai volée, je ne veux pas vous la rendre : la prescription est là. » J'avoue qu'un pareil langage me rendra honteux et confus : un argument si rude m'acca-blera, et je serai réduit à payer les frais, pour avoir osé demander ce qu'on m'avait si bien volé, et que je préten-dais m'avoir été simplement pris.

Je m'enquerrai encore ici du moyen que l'on emploiera pour éviter un résultat aussi révoltant? Certes, si l'on peut arguer d'une prescription de trois ans pour se soustraire à la restitution ; si, pour avoir le bénéfice de cette prescrip-tion, il faut avoir commis un délit ; on ne peut pas ne pas admettre que le voleur aura le droit d'user de l'exception, et conséquemment qu'il pourra répondre effrontément à l'action en revendication, en offrant de prouver, et en prou-vant même qu'il possède la chose en vertu d'un vol dont il est l'auteur; puisque, s'il est simple détenteur de mauvaise foi par le fait d'un quasi-délit, il ne peut plus invoquer, dans le sens du système adverse, les dispositions des articles 637 et suivans. Je pourrais établir cela par un syllogisme en règle.

Et l'on pourra remarquer ce singulier résultat, que la prescription devra faire considérer Pierre comme propriétaire de la chose, lorsque, pour établir cette présomption, il devra prouver qu'il l'a volée !!

Encore une fois, j'interroge la loi et lui demande si, en admettant la doctrine que je qualifie fausse, il ne faudra pas absolument arriver au point que je signale? Ici je ne trouverais plus aucun subterfuge, aucune issue pour échapper à l'ignoble conséquence d'un pareil système. L'exception existe ou elle n'existe pas : si elle existe, il faut absolument que j'en fasse usage pour jouir du bénéfice qui y est attaché (certes cela est logique); or, pour en faire usage, il faut que je me dise voleur ; donc je devrai prouver que je suis voleur, afin que la loi me protège contre la demande importune du propriétaire dépouillé (1). Je lâche enfin le syllogisme ; de cette manière on ne sera plus tenté peut-être de contester l'existence d'un résultat que la loi a malheureusement déjà consacré, mais que je ne saurais étendre, contre le bon sens et la raison, à un cas tout-à-fait différent, où les principes militent avec l'équité pour dicter une solution contraire.

J'ignore si les auteurs qui ont si légèrement consacré cette opinion se sont rendu compte de la conséquence de leur système ; mais, s'ils l'ont aperçue et qu'ils n'aient pas

_____

(1) Dira-t-on au voleur : « Puisque vous reconnaissez le vol, vous allez rendre la chose : vous avouez que vous n'êtes point propriétaire? » Mais dans quel cas l'exception de prescription pourrait-elle avoir effet, si on admettait ce langage !...

Remarquons qu'il peut y avoir grand doute sur le point de savoir si le fait constitue ou non un délit. Lorsque je demanderai un objet comme sorti sans cause de mes mains et comme se trouvant sans cause dans les vôtres, cela peut se rattacher à mille circonstances diverses, si vous voulez arguer de la prescription créée pour les crimes ou les délits; il faut que vous établissiez, contre moi contestant, la qualité, la circonstance donnant au fait le caractère d'un crime ou d'un délit : c'est forcé.

été arrêtés, surtout quand rien dans la loi ne les obligeait à embrasser le parti qu'ils ont choisi, c'est qu'ils ont l'ame infiniment moins timorée et moins infirme que la mienne. J'avoue que je m'effraie grandement de voir une telle impudence, un pareil cynisme protégés par les tribunaux. Parlez-nous donc maintenant des remords et des angoisses du coupable pour fonder la prescription! Comme cette idée mère de l'extinction de l'action publique s'allie merveilleusement à l'extinction que vous voulez opposer à l'action en restitution!!! S'il y a des tourmens et des angoisses, ils seront le lot du propriétaire!

Me sera-t-il permis maintenant de dévoiler l'origine du système que je combats? Eh bien! il faut l'avouer, les arrêts et les auteurs conçus dans ce sens commencent toujours par établir cette base; c'est le brocard *accessorium sequitur principale* qui lui a donné naissance. C'est lui qui a induit en erreur notre ancienne jurisprudence, où l'on en fit un tel abus qu'on finit par regarder l'action en restitution elle-même, comme l'accessoire du délit!!! ainsi que cela fut solennellement consacré par l'arrêt de 1604, le seul, du reste, qui me soit connu. C'est lui qui a égaré sur un point nos législateurs eux-mêmes: c'est encore lui qui a dicté l'opinion de Mangin; et je n'en suis pas surpris, les erreurs une fois enracinées ont plus de force que la vérité même; et dans notre ancien droit tout se régissait par des espèces de recettes appelées maximes, mal et méchamment empruntées à des textes romains que l'on voulait absolument piller et mettre à contribution; nous savons, dans la théorie du prétendu *droit d'accession*, quelles fausses doctrines ce fameux brocard y a enfantées.

Je le repousse donc de toutes mes forces; esclave de la

loi dans ses principes généraux, je l'applique d'une manière restreinte dans ses dispositions exceptionnelles, et de
cette nature sont les articles 637 et suivans du Code criminel ; je l'invoque comme ayant été basée sur la seule raison, et je mets de côté toutes les fictions, toutes les maximes sur lesquelles on veut l'asseoir. « Tout cela n'est
qu'un voile jeté sur le fond des choses, et dont le prestige
couvre aux yeux de ceux qui s'en servent les vices d'une
foule d'argumens. »

Dans la première partie de cette dissertation, ma témérité a été grande, d'avoir osé toucher à l'édifice législatif, en
critiquant une de ses parties importantes ; mais ici, j'ai du
moins la satisfaction de me croire d'accord avec elle, avec
son esprit comme avec son texte.

IV.

Tout ce que je viens d'exposer fait entrevoir d'avance
la solution que je donne à la quatrième et dernière question
que je me suis posée.

Non, la prescription de l'action civile n'est point d'ordre
public : Non, elle ne devra point être suppléée d'office par
le juge.

Le principe de sa prescriptibilité est, au fond, le même
que celui qui a fait consacrer la prescription ordinaire en
matière civile. La loi a eu beau réduire sa durée, sa nature d'action civile n'en est pas changée pour cela : c'est
donc le cas d'appliquer l'art. 2223 : point de raison d'y
déroger. La loi n'est point aussi pudibonde qu'on veut la
faire : elle ne s'effraie nullement de voir un fait coupable
découvert qu'elle ne peut plus punir ; car rien n'est plus
commun, plus ordinaire, avec nos dispositions législatives.

En raisonnant de la même manière et en consultant les idées qui ont dû présider à la constitution de la prescription du fait criminel, on arrive à dire, et cela n'est pas contestable, que cette prescription est d'ordre public et doit être suppléée d'office par les tribunaux, la partie ne pouvant y renoncer, sous le point de vue criminel, même pour purger l'infamie que le doute fait peser sur elle ; car, là où la loi défend d'appliquer une peine, là elle défend de prononcer un jugement. C'est d'une évidence frappante.

Récapitulons brièvement les solutions que j'ai adoptées sur les quatre grandes questions qui peuvent s'élever sur cette matière :

1° L'action civile en dommages-intérêts et l'action publique se prescrivent par le même laps de temps, lors même que chacune d'elles est portée devant une juridiction différente.

2° Les poursuites criminelles interrompent la prescription de l'action civile ; mais cette dernière est toujours soumise à la prescription des articles 637 et suivans, lors même qu'il y aurait un jugement rendu au criminel (bien entendu où la partie lésée n'aurait point paru).

3° L'action civile en restitution exercée contre le délinquant ne se prescrit que par trente ans.

4° La prescription de l'action civile n'est nullement d'ordre public ; l'article 2223 du Code civil doit lui être appliqué.

Je m'abstiens de toute réflexion : seulement je m'excuserai des erreurs que j'aurai commises, en considération de la témérité avec laquelle j'ai voulu innover.

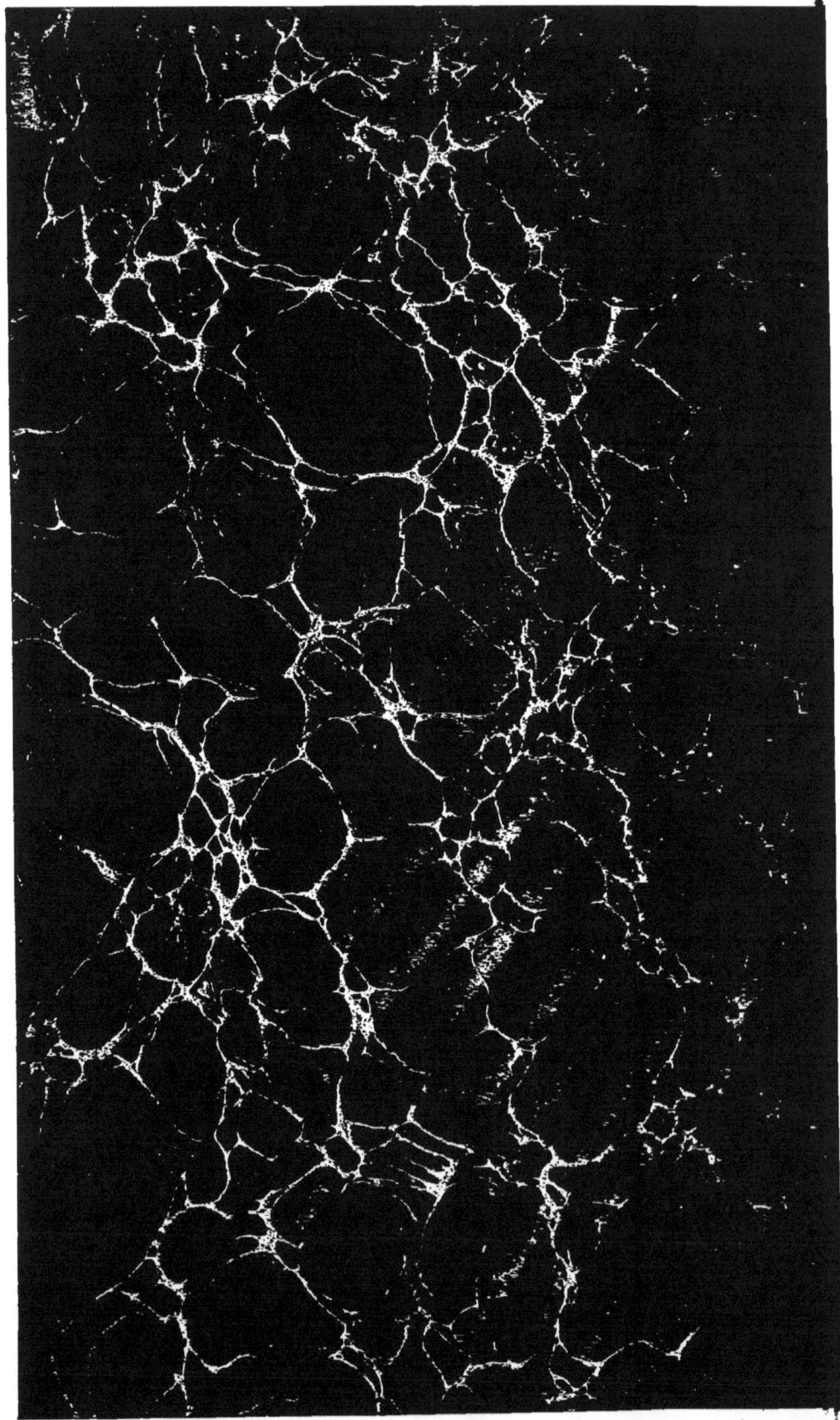

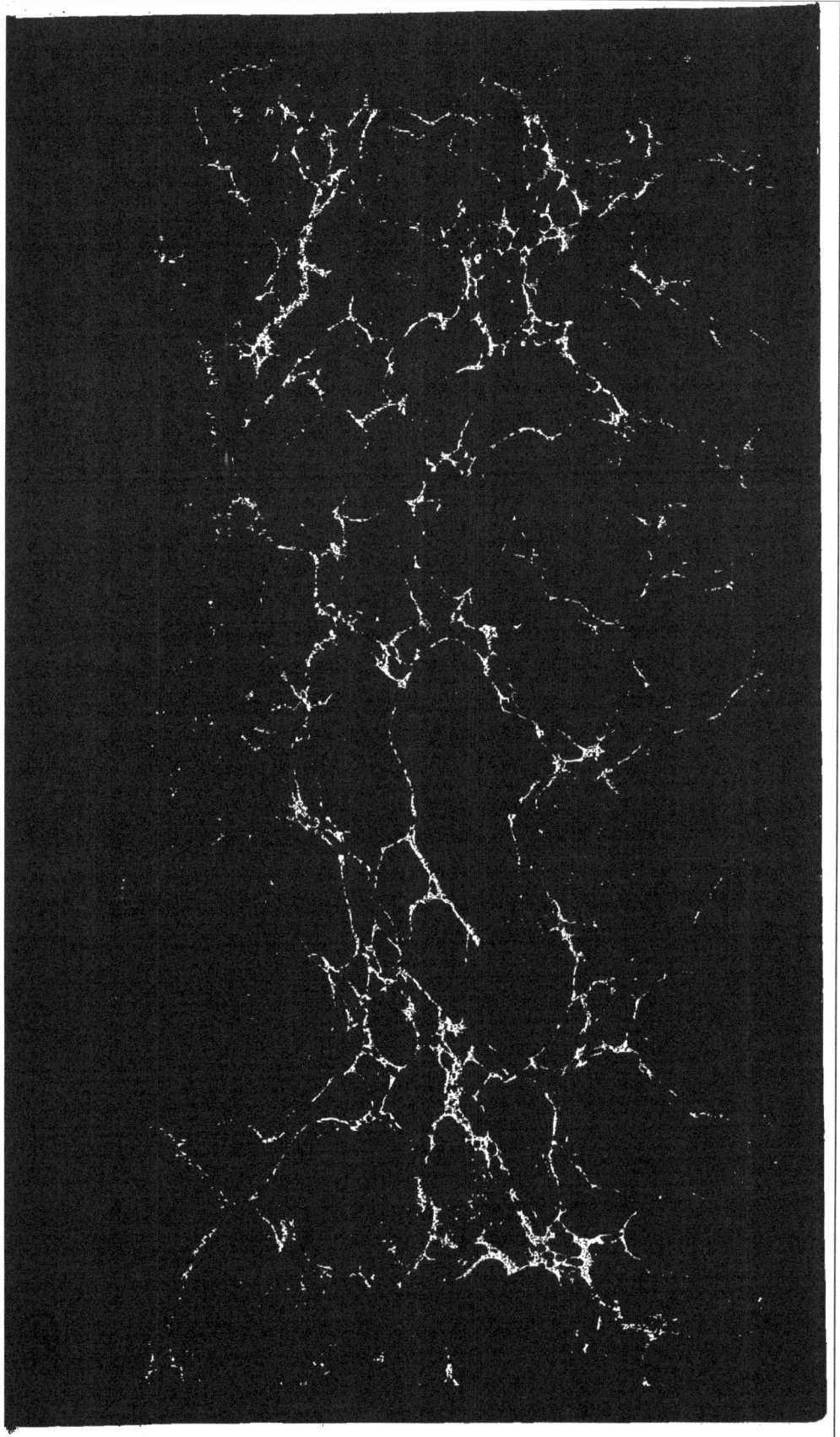

www.ingramcontent.com/pod-product-compliance
Lightning Source LLC
Chambersburg PA
CBHW071511200326
41519CB00019B/5905